戻れないけど、生きるのだ

男らしさのゆくえ

清田隆之（桃山商事）

太田出版

目次

戻れないけど、生きるのだ

真夜中にひとりで何かに感動するあのひとときは、なんと贅沢な時間だろうか。双子たちを寝かし付け、仕事部屋に戻ってデスクライトを灯す。書評を担当することになった本のゲラ。コメントを寄せることになった映画のオンライン試写。仕事の息抜きでふと手を伸ばした未読の漫画。深夜の2時間と日中の2時間は絶対に長さが違う。夜泣きやおねしょ対応で中断してしまうこともしばしばだけど、親という立場からも、社会人としての責任からも、「早く終わらせねば」という焦燥感からも、一時的に解放されて〝個人〟に戻れるあのひとときは、私にとって生きる上で欠かせない貴重な時間だ。

本書は「男性性」を主なテーマとしたエッセイ集で、ここには私が様々な媒体で書いてきたテキストに書き下ろしを加えた25本のエッセイが収録されている。ここ数か月その執筆や加筆修正に取りかかってきて、ようやく書籍としての体裁が整うところまでこぎ着けた。今年も初夏からひたすら暑く、気温が30度前半でも「まだマシ」と思えてしまうほど自分の感覚が変わってきていることを感じる。保育園に通う双子たちは日に日に成長していて、大きめだった服や靴がいつの間にかキツくなったり、ときに笑ってしまうほど巧妙な屁理屈をこねたりするようになった。月日の流れは年々早くなる一方だし、「今日も何もできなかった」と落ち込むことの多い毎日だけど、それでもいろんなところでいろんなことが進み、また変化しているのだと思う。

2020年の夏、私は『さよなら、俺たち』（スタンド・ブックス）という本を出した。恋愛や結婚、仕事に生活、政治やカルチャーなど、これまでの様々な人生経験をジェンダー視点で振り返り、自分の中に男性性や男らしさがどう内面化されているのかについて考察したエッセイ集だ。性差別的な価値観、マッチョなジェンダー規範、ホモソーシャルな人間関係、男性優位な社会構造、様々な男性特権などを〝俺たち〟という言葉に象徴させ、それらと決別することは可能なのか、そのためには何をすべきなのかと、男性当事者の立場から考え続けた。「#MeToo」ムーブメントなどの影響で男性性の問題が社会的に問い直されていたタイミングとも重なり、様々なところで話題にしてもらう機会を得た。うれしかったが、批判的な声も少なからずあった。なかでもとりわけ印象的だったのが、「そんな簡単に〝さよなら〟できるのか？」という声だった。

過去の失敗と向き合う。見えてなかった景色を直視する。知らなかったことについて勉強する。疑問を持ったことには声を上げる。染み付いた感覚を学び落とす——。『さよなら、俺たち』は、そのような態度で男性性の問題を見つめ直していく本だった。「内省」や「反省」は男性がジェンダーの問題と向き合う上で絶対に必要なものだ。それは今でも変わらずそう思う。でも確かに、「それだけでいいのか?」という話でもある。〝俺たち〟という言葉で象徴した諸々の背景には、家父長制的な価値観に根ざした社会構造が確実に関与している。家庭環境にも、人間関係にも、学校や会社のシステムにも、街の環境設計にも、SNSで目にする光景にも、メディアが発するメッセージにも、公的な制度や法律にさえも、それらは根深く染み付いていて、個々人の学びや心がけではどうにもならない部分が正直大きい。そこへさらに、「そのほうが売れる」「そのほうがわかりやすい」「そのほうが多くの人に届く」といった資本主義の論理が輪をかける。

例えば性差別的な行為をしでかしてしまった男性がいたとして、その背景には社会から受けた影響が多分に染み込んでいるかもしれないし、社会から負わされた傷が関与しているかもしれない。そういったなかで個人の努力だけを強調することは男性にとってしんどい圧力となり、全体としても構造問題を温存する方向に寄与しかねない。さらに、そもそもジェンダー規範に対して「降りる」とか「手放す」とか思えること自体が男性特権ではないかという指摘もあった。こういった諸々が、先に紹介した「そんな簡単に

〝さよなら〟できるのか?」という声の内実だ。

内省や反省はもちろん大事だけど、構造の問題も同時に考えていく必要がある。すべて自己責任に帰してしまうのは苦しいけど、かと言って「社会のせいだ」と開き直ることはできない。ジェンダーを男女二元論で語るのは乱暴だけど、「男性」という括りで捉えてみないと見えてこない問題も確実にある。特権と圧力、加害者性と被害者性、マジョリティ性とマイノリティ性、フェミニズムやシスターフッド、家父長制に資本主義など、いろんなものが複雑に絡み合う状況のなかで自分のあり方を模索していかねばならないのが、令和の時代を生きる男性たちの現在地ではないだろうか。

この本に収録されている原稿は2020年から2024年にかけて書かれたもので、概ねそのような視点が踏まえられている。これをもって本書の現代性を強調しようというのが当初の本稿の思惑だった……のだけれど、なんかちょっと違うな。いや、違ってはないんだけど、それはあくまで頭で考えたあとづけのコンセプトという感じだ。一つひとつの原稿を書いているときは正直そんなことは考えていなかった。そうではなく、私は出会った本やドラマにひたすら感動していたのだと思う。打ちのめされ、揺さぶられ、大げさでなく魂を震わせられた時間の痕跡こそ、ここに収録されている原稿の正体ではないか。そう思うに至った。

私は元来、真面目なタイプなどでは全然ない。代表を務めるユニット「桃山商事」のPodcastなどを聞いてもらえたらよくわかると思うが、メンバーから「清田は社会性が欠けすぎ」と言われるほど軽率で俗っぽい人間だ。誰かを傷つけてしまった経験は無数にあるし、誰かから怒られやしないかと、今だって常に怯えながら暮らしている。そんな人間がよくジェンダーというセンシティブな問題を取り扱ってるなと、自分でも思う。だから原稿を書く際は過剰なほど真面目になってしまう。それは書き手としてとても大事なことだ。でも、それだけではエッセイにならない。文章を駆動するためには何かに心を揺さぶられることが不可欠で、この本の中核は多分そこにある。

個人的に2020年から2024年は、コロナ禍と双子育児にひたすら翻弄される5年間だった。感染対策や子どもたちの健康問題に神経を尖らせ、いつも寝不足でお金も不安で、仕事はまったく終わらなくて、そこに加齢による諸々が追い打ちをかけ、あらゆるキャパシティが完全に限界を迎えた。外出できない、友達や仕事仲間に会えない、趣味の読書や観劇も満足にできない。取材もできず、インプットも激減し、桃山商事のライフワークであるお悩み相談もずっと停止したままだ。そんな、書き手として絶望的に心許ない状況のなか、なんとか続けることができたのが本やドラマについて書く仕事だった。

だから本書には、小説やエッセイ、漫画やドラマを題材にした原稿が多い。もっといろんな場所に出かけ、いろんな人に会い、心身の実感を伴ってつかみ取った何かについて書きたかったという思いは正直ある。でも、と思う。こうして一冊の本にまとめるにあたり、それぞれの原稿を読み返し、テーマに沿って分類し、必要に応じて加筆修正をしていくなかで、感動とはそれ自体が〝体験〟であり、頭だけでなく、心も、身体も、本当に物理的に揺り動かされる経験なのだということを確信した。

書いてきた原稿が時系列で並んでいるわけではないが、男性性にまつわる個人的な意識の展開をベースに本書の章立ては組まれている。第1章では『さよなら、俺たち』のスタンスを引き継ぎ、内省的な視点で男性性の問題と向き合った。第2章は男性優位な社会構造を視野に入れた上で、大人としての責任について考える内容となっている。第3章では傷やトラウマに着目し、被害者性と加害者性の両面から男性性について考察した。そこから視野を社会に広げ、平成の時代に広がった新自由主義的な価値観について眺めたのが第4章だ。続く第5章では、家族や結婚について書かれた原稿を並べ、そこから浮かび上がる「家父長制」というラスボスの輪郭を描写した。そして、ここまでの議論を受け、男性たちのこれからについて模索したのが第6章だ。

さて、この文章は双子たちが寝静まったあとに書き始めたものだが、長かった真夜中を経て、段々と空が明るくなってきた。何を見てても、何をしてても、どこに行っても ジェンダーの呪縛にまみれたこの国で、我々〝マジョリティ男性〟の置かれている現状は決して楽観視できるものではない。性差別や性暴力に関する話題は相変わらずあとを絶たないし、いつまで経ってもジェンダーギャップは埋まらない。フィクションの世界では男性キャラクターの存在感がどんどん希薄化しているし、女性の書き手たちからは「男性不要論」のような空気すら漂っている。そういうなかにあって、居心地の悪さや漠然とした不安、また息苦しさや被害者意識のようなものを抱えている男性も少なくないと思う。それはちょっとわかる。私もこんな内容の文章を書いてはいるが、「何かやらかしたら一瞬で終わる」「どうせ誰も俺の味方にはなってくれないんだろうな……」という恐怖が心からなかなかどいてくれない。

でも、きっと大丈夫。世の中には素晴らしい本やドラマがたくさんあって、それらが私たちの不安や孤独に寄り添ってくれる。感動する人間に真夜中は優しいし、しばらくすれば朝がやってくる。生産性の呪いに支配された日中の世界はせわしないけれど、飛び込めば真夜中は何度だって私たちを抱きしめてくれる。人生の価値は、人生の豊かさは、どれだけ何かに心を揺さぶられたかでおそらく決まる。ジェンダーとは生き方や在り方に直結する問題で、私たちの言動や感受性のＯＳ（オペレーション・システム）として機能しているものだ。そこに変化を加えようとすれば、当然ながらいろんなところがギリギリ軋む。そのストレスや不快感はバカにならず、反動的なエネルギーが生じたって不思議ではない。だからこそ思う。俺たちは頭で考えてるだけでは変われない。そのためには何かに圧倒され、言葉を失い、放心状態になるような体験を重ねることが重要で、内省も責任も、ケアも覚悟も、抵抗も希望も、きっとそういう時間から生まれるはずだ。もちろん本やドラマだけじゃない。恋愛にも、子育てにも、仕事にも、旅にも、生活にも、友達とのお茶にも、そんな感動は宿っている。「昔のほうがよかった」「ずいぶん息苦しい時代になった」「あの頃に帰りたい」って気持ちは誰の中にもあると思うけど、進んでしまった時間を、変化してしまったものを、元に戻すことはもうできない。それでも毎日は続くし、何かに心を震わせながら生きていくことは全然できる。さよならした時間に戻ることはできないけれど、男らしさの危機が叫ばれるこの時代を、俺たちはこれからも生きるのだ。

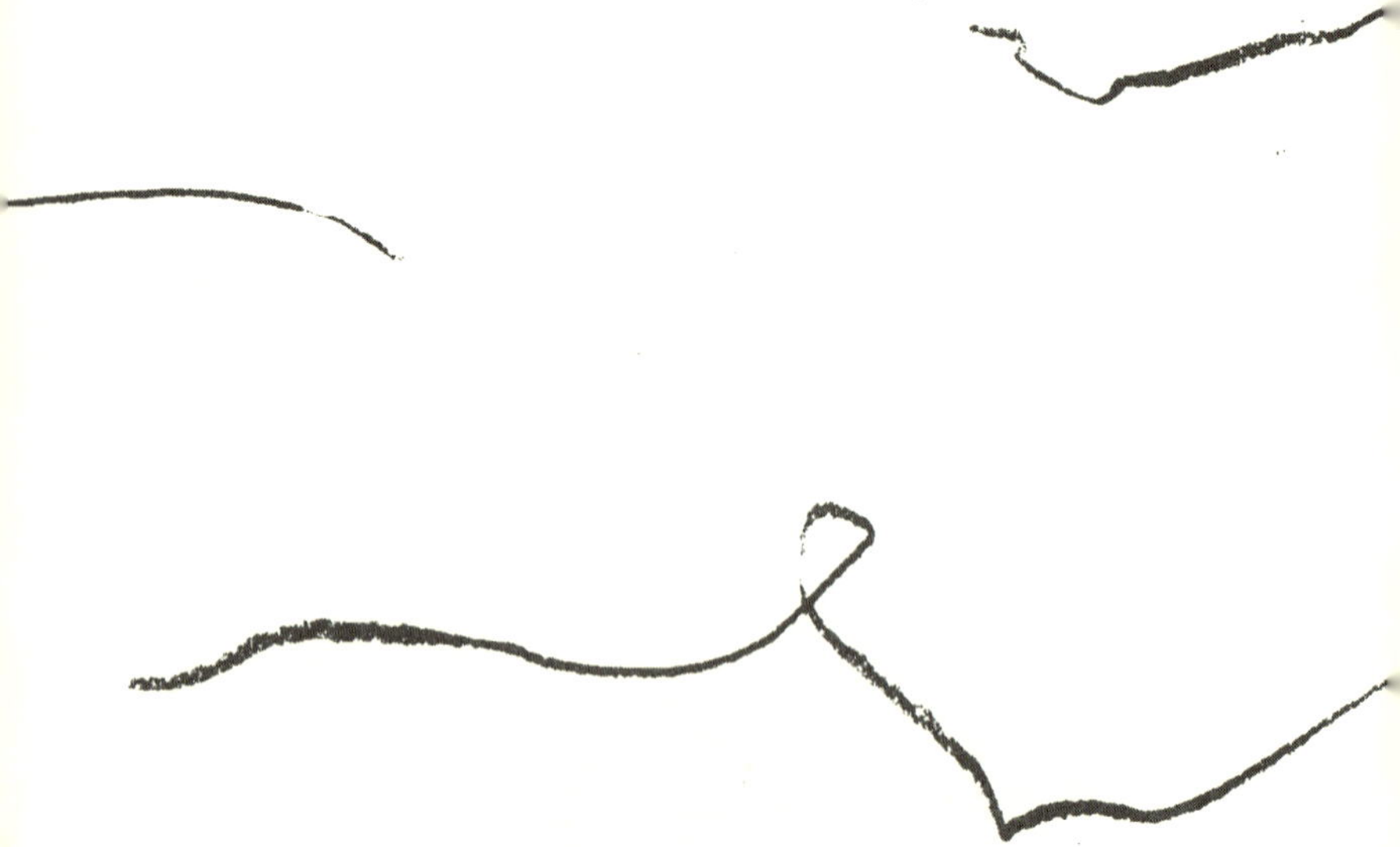

装幀　六月
装画　山口洋佑

1

〈男〉とフェミニズム

――シスターフッドの外側で

はたして俺たちは、フェミニズムとどう向き合っていけばよいのだろうか

〝なのに〟でも〝だから〟でもなく

男性にとってフェミニズムとはどのようなものだろう？　自分とは縁遠いものと感じている人も多いだろうし、怖い、うるさい、面倒くさい……そんなイメージもあるかもしれない。テレビでは昔からイジりや冷笑の対象として扱われてきたし、SNSでは日々アンチフェミニズム的な言説が大量の共感を集めている。近年はメディアでジェンダーの問題が取り上げられる機会も増えており、性暴力、セクハラ、女性蔑視発言、ルッキズム、ジェンダーギャップなど、様々な話題が様々な場所で議論されているが、社会全体で見れば「性差別はよくない」「悪しき制度や価値観は見直していこう」という方向へシフトしている一方、「またフェミニストが騒いでるよ」「息苦しい世の中になっ

たな」というまなざしもまだまだ根強い。

　フェミニズムとは性差別のない社会を目指して立ち上がった思想や運動のことで、「fem（女性の）」という言葉から始まるように、その対象や担い手として想定されているのは女性だ。そういうなかにあって、男性がフェミニズムの言説に触れることはなかなか難しい。男性――とりわけシスジェンダーでヘテロセクシュアルの男性はこの社会における〝マジョリティ〟で、有形無形の特権を享受し、大きく分ければ加害者側、搾取する側と目される属性だ。それゆえ、叱責されているような気分になって反発心が生じてしまうこともあるだろうし、男女で見えている景色があまりに違うことに気づき、愕然としてしまう瞬間も多いかもしれない。また、自分がいかに無知で無自覚だったかを知り、過去の様々な言動を悔やむ機会だって多々あるだろうし、学びや実践を重ねた結果、「俺は女性の味方だ」「俺の価値観はアップデート済み」などという尊大な気持ちになってしまう可能性だって否定できない。根深く染みついたミソジニー（女性嫌悪）、どこまでもまとわりついてくる男性特権、四方八方から降りかかるホモソーシャルの誘惑……。はたして俺たちは、フェミニズムとどう向き合っていけばよいのだろうか。

　チェ・スンボム『私は男でフェミニストです』は、そんな難しい問題に勇気とヒントを与えてくれる一冊だ。著者は韓国の地方都市にある男子高校で国語を教える30代の男性で、大学生の頃からフェミニズムを学んできた。私はこの本を読み終わったとき、そのタイトルに並々ならぬ覚悟が込められていたことを思い知った。例えばこれが「男〟なのに〝フェミニストです」だったら、そこには自虐や他人事感、あるいは妙な逆張り意識のようなものがにじみ出てしまうだろうし、「男〟だから〝フェミニストです」だったら、自己陶酔やヒロイズム、あるいはフェミニズムが積み上げてきたものにフリーライドするような気配が漂ってしまう。そういうなかにあって、著者が選択したのが「男〝で〟フェミニストです」という言葉だった。これは「男」と「フェミニスト」を並列させ、それ以上でもそれ以下でもないというフラットなニュアンスを示すタイトルだが、こう宣言するまでには膨大な葛藤や自己省察、学びや対話の積み重ねが存在している。その痕跡を刻むようにつづったのがこの自伝的エッセイ集だ。

母の犠牲の上に成り立っている人生

物語は母親にまつわる話からスタートする。著者の母は成績優秀な保険外交員で、〈給与は高校の教師だった父より三倍くらい高かった〉という。しかも、多忙を極めるなかでも家事育児を一手に担い、家族の誰よりも遅く寝て早く起き、その上〈義理の両親を病院に送り迎えするのも母の役目だった〉そうだ。にもかかわらず、著者の父親は母に暴力を振るう。それは大怪我を負わせるほどの凄絶なDV（ドメスティック・バイオレンス）で、ただでさえつらく苦しい場面だが、息子たちの対応がそこに輪をかける。

母が父にこっぴどくやられた日の光景がいまでも目に浮かぶ。父方の伯母や叔母、叔父の家族が全員集まっていた日だった。小さなことに激怒した父は母に灰皿と電話を投げつけた。お腹を蹴り、胸を足で踏みつけ、ろっ骨を折らせた。父の怒りが頂点に達し、投げつけた椅子、それが当たるのを何とか防ごうとした叔父の姿がスローモーションのように頭のなかに刻まれている。怯えきった私と弟は、何も間違っていない母を許してほしいと父の足もとにしがみついて泣いた。

数日後、母は私たちに離婚をしてもいいかと尋ねた。私と弟は嫌だと泣きわめいた。その日以来、うちはふたたび、ふだん通りの生活に戻った。男三人にとってはこの上なく平穏な日々だが、母にとっては危険で残酷であろう日常に。

母親のエピソードから始まっているのは、それが著者のアキレス腱になっているからだろう。家庭内で理不尽な光景の数々を目の当たりにしたことと、自分の半生がそんな母の犠牲の上に成り立っているという紛れもない事実……この股裂き状態が〈フェミニズム思考〉の源泉となっている。著者は母の苦労を軽減させるために家事労働を担うようになり、積極的にフェミニズムを学んでいく。しかし、だからといってそれで何かを免責させたりはしない。「三〇年以上、韓国人男性として暮らしながら、空気のように吸い込んできた女性嫌悪は根深く、そうそう消えたりはしない」と述べているように、常に男性としての自分と向き合い続ける姿勢がこの本の主旋律となっている。

では、著者にとってのフェミニズムとは一体どういうものなのだろうか。それは「事実と現実を直視する」とでもいうべきもので、テキストの大半が「環境」や「構造」の描写に割かれていることがそれを物語っている。母親が多大なる犠牲を払って一家の暮らしを支えていたこと。それなのに子どもへの愛情が足りないと周囲から非難されていたこと。そんな母が子どもの独立後にうつを患ってしまったこと……。母親の話だけではない。大学で性暴力事件を起こした男性教授に下された処分が極めて甘かったこと。重大犯罪における被害者の10人に9人が女性であること。夜道を怖がる女性に「我々を潜在的加害者としてあつかうな」と怒りを露わにする男性が増えていること。警察が江南駅殺人事件を「女性嫌悪殺人事件」だとは頑なに認めようとしないこと。幼稚園では「母親の手作り弁当」が要求されること。男女の賃金格差が36・7%にものぼること。一日のうち家事労働に従事する時間は男性が45分で女性が227分であること。女性アイドルグループが露出の多いファッションで軍の慰問公演を行ったこと。女性たちが絶えず隠し撮りの恐怖を感じながら暮らしていること。女性は結婚すると「ご主人に朝ご飯は作ってあげてるの」とよく聞かれていること――。

どうしてそのようなことが起きているのか。そういった光景が当たり前のように広っているのはなぜなのか。どれだけ考えても、そこに合理的・論理的な理由は見つからない。代わりに存在しているのが「男はそういう生き物」「女性の役割なんだから仕方ない」「昔からずっとそうだった」という謎の理屈で、男性たちに「なぜ家事をしないのか?」「なぜ性暴力を働いたのか?」「この格差をどう考えているのか?」という問いが突きつけられることもない（それどころか、被害者である女性のほうに努力や自衛が求められることもしばしばだ）。著者は自身の実感や身近な女性たちから見聞きしたこと、メディアで目にしたことや膨大な文献から学んだことなどをもとに、自分に見えていなかった景色のことを、自分が拠って立つ土壌のことを、痛みを伴いながら描写していく。その上で「私は男でフェミニストです」と宣言していくところに、私は並々ならぬ覚悟を感じたのだった。

フェミニストへの憧れと葛藤

私がフェミニズムと出会ったのは30代前半くらいのタイミングで、上野千鶴子や北原みのり、田房永子や信田さよ子といった書き手の本に触れたことがそのきっかけだった。最初はフェミニズムというより社会学やサブカルチャーの本として捉えていたが、自身の体験を果敢に言語化し、他者の痛みにも思いを馳せ、鋭い言葉と豊富な知見を駆使しながら男性社会という巨大構造と戦うその姿に、私は思わずかっこよさを感じてしまった。誤解を恐れずに言えば、私にとってそれはロックでパンクな存在だった。そしてその後、世代の近しい女性の書き手たちがフェミニズム的な問題意識が息づく著作を次々と出版していき、SNSでもツイッターを中心にフェミニズムが大きな盛り上がりを見せ、私はのめり込むようにそれらを読んでいった。その影響もあり、桃山商事の活動も恋バナや恋愛相談に内在するジェンダー問題について考える方向へと広がっていき、そういったテーマの企画に呼んでもらったり、連載を持たせてもらったりと、自分自身もムーブメントの末席に身を置いているような、そんな高揚感すらあった。

しかし、それは軽率な思い上がりであり、危なっかしい勘違いだと、徐々に痛感するようになった。フェミニズムの言葉は具体的な被害や蔑視、差別や抑圧などを経験するなかで生まれたもので、いくらそこに迫力やリアリティが宿っているとはいえ、単に「かっこいい！」と感動していいものではなかった。それどころか、私はその背景にある男性優位な社会構造から恩恵や特権を受け取っている側の人間で、呑気に憧れている場合でもなかった。実際に自分の浅はかな言動によってフェミニストたちから批判や叱責の声をもらったことも一度や二度ではない。男性たちから〝裏切り者〟扱いされ、SNSで罵詈雑言が飛んでくることも多々ある。大ファンのフェミニストは今でもたくさんいるし、なかには縁あって交流が生まれ、一緒におしゃべりさせていただく贅沢な機会に恵まれたりもしているが、フェミニストを自認してよいものなのか、今なお葛藤しているというのが正直なところだ。

フェミニズムは、現実を客観化する道具である。別の視点から、以前とは異なる目線で世の中を見させてくれる。不条理を認識するように誘導し、不合理を正す勇気をくれる。耐えたり、自分を犠牲にしたりせず、譲ったり、諦めたりせず、自分らしく生きていける人生を提案する。つねに我慢しなくてもいいことを、間違っていたのは自分ではなかったのだということを教えてくれる。だから、フェミニズムは男性にも有効である。力と勇気、意志と節制に代表される硬くて狭い枠にとらわれた男性性から救い出してくれる。泣く男、しゃべる男、力のない男でも大丈夫だと勇気づけてくれる。軍隊に行けと駆りたて、デート費用やマイホーム購入の負担を与え、低身長や小さいペニスが悪いと自信を失わせる主体が、「キムチ女」ではなく、「家父長制」だったことを知るようになる。その事実を理解すれば、男性の人生も自由になる。

(以上、チェ・スンボム『私は男でフェミニストです』金みんじょん＝訳、2021年、世界思想社)

何かを言えば即座に自己矛盾というブーメランが刺さりかねない状況のなかで、焦らず、腐らず、開き直らず、ヒロイズムにも過度な自罰にも走らず、考えることと言動を見つめ直すことを続けた著者は、最後、学校で受け持つ男子生徒たちとの対話へとまい進していく。教科書に出てくる古典文学をフェミニズム的な視点から読み直し、女性たちが参政権を獲得してきた歴史を学び、言葉や制度に埋め込まれた性差別なども点検しながら、生徒たちに粘り強くフェミニズムの重要性を伝えていく姿は感動的ですらある。

ここまで読んでもらえたらわかるように、この本で描かれている問題はほとんどそのまま日本で暮らす我々にも当てはまるものだ。社会構造も、男性たちのメンタリティも、びっくりするほど似ている。ジェンダーを学ぶことは自分を知るということだ。自分を知ることは他者を知ることにつながり、社会を知ることにもつながる。さらにそれは海をも越えて語り合いの可能性をひらいてくれるものかもしれない。〝なのに〟でも〝だから〟でもなく、「男でフェミニストです」と宣言するためにひとりの韓国人男性がつむいでくれた言葉には、そんな力すら宿っているように思うのだ。

無知で無自覚な俺たちに突きつけられた鏡

例えば女性専用車両ではなく「男性専用車両」、嫁姑問題ではなく「婿舅問題」、夫婦別姓ではなく「婦夫別姓」……と、世に流通している言葉のジェンダーを反転させ、そこに埋め込まれた偏見や差別を浮き彫りにさせる手法を「ミラーリング」と呼んだりする。政治家が女性ばかりの社会とか、グラビアアイドルが男性ばかりの雑誌とか、現実世界のシチュエーションを反転させてみせるのもミラーリングの一種だ。そこには「あなたたちがやっているのはこういうことですよ?」とわかりやすく伝える狙いがある。椰月美智子『ミラーワールド』は、まさにそれを地で行くような小説作品だ。

しかし、それで何かをわかった気になるのはとても危険なことかもしれない。ジェンダーを反転させていることもさることながら、「なぜ反転させる必要があるのか」という部分こそ極めて重要ではないかと思うからだ。

物語は3人の男性を中心に展開していく。池《いけ》ケ《が》谷《や》良夫《よしお》、中林進《なかばやしすすむ》、澄田隆司《すみだりゅうじ》。それぞれ主夫として家事育児を中心的に担いながら、パートタイムで働き、ＰＴＡの役員を務め、妻の実家の家業を継いでいる。妻は仕事ばかりで家のことにほとんどコミットせず、反抗期の子どもたちは「お腹が空いた」しか言ってこない。

　結婚したら夫が妻側の姓に変えるのが慣わしで、オバサンたちは若い男性にセクハラを繰り返し、医学部の入試では女子学生を優遇する不正が発覚した。シングルファザーの貧困は自己責任だし、男性のアスリートはどれだけ立派な実績を残しても外見のことばかり話題にされるし、男性有名人のプロフィールには股間の大きさを含む〝フォーサイズ〟が載っている。美容の圧力も、性暴力被害の恐怖も、受けているのは男性ばかり。そんな世界にあって、良夫も進も隆司も順応したり疑問を抱いたりしながら、それぞれのスタンスで日々を生き抜いている。


　帰宅してひと息つく間もなく昼になり、ようやくここでテレビをつける。首相の秋葉加代子《あきばかよこ》が画面いっぱいに映る。この女の顔を見るたびに、良夫は説明のしようのない不快さを感じる。

（中略）そもそもこの政党自体が、女尊男卑の保守派で金持ちのお嬢軍団が、古い因習に頑なにすがりついているだけのものだ。先月の国会はひどかった。子連れで出席した男性議員に向かって、「赤ん坊がかわいそうだから、議員をやめて家にいろ」「三つ子の魂百までよ」「国会は保育所じゃないぞ」などとヤジが飛んだ。「保育園に落ちたのか！」というヤジには驚いた。保育園を増やして世の男性の負担を軽減するために、その男性議員が奮闘しているというのに、なんという言いぐさだろうか。

（椰月美智子『ミラーワールド』2021年、KADOKAWA）

すでにお気づきの方も多いかと思うが、本作で描かれるのは私たちが暮らしているこの社会を写し取ったような世界だ。より厳密には「女性たちの生きる現実を忠実にトレースした世界」となるかもしれない。結婚して改姓する人の9割以上は女性だし、ジェンダーギャップ指数は毎年下位で低迷している。医大で不正入試が発覚したニュースは衝撃的だったし、女性アスリートが性的消費に対して抗議の声を上げた話題も記憶に新しい。すべて女性にとっては〝あるある〟で、様々な形で異議申し立てをしてきた歴史もある。にもかかわらず男性たちは耳を傾けようとしないばかりか、その自覚すらもないという有り様で、だったらもう、一つひとつジェンダーを反転させることで男性たちに〝自分事〟として捉えてもらうしかない——と、著者がそう意図していたかどうかはわからないが、男性である私にとってはそのように感じられてならなかった。

本作のタイトルにある「ミラー」とはおそらく、ジェンダーを反転して映す鏡であると同時に、無知で無自覚な俺たちに突きつけられた鏡でもあるはずだ。そこに映っているのは自分では見ることのできない自分自身の姿であり、これを直視するのは結構つらい。目を背けたくなる気持ちも、反射的に言い訳したくなる気持ちも、すごくわかる。でも、それをグッとこらえながら、俺たちは鏡に映し出された姿と向き合うべきではないか。こう書くとただただお腹の痛くなる時間に感じられてしまうかもしれないが、男性同士でケアし合うような連帯のあり方や、なかなか語られることのない男性の性被害の問題なども描かれており、男性性の明日を照らしてくれるような一冊でもある。

なぜ歴代の総理大臣は男性ばかりなのか。なぜ性暴力に遭った女性が責められてしまうのか。そういう問いを丹念に積み重ねながら自分と社会の問題を見つめていくことが、現代を生きる男性たちに課せられた急務ではないかと私は思う。

シスターフッドと「男は不要」の狭間で

この国から「おじさん」が消える――。松田青子『持続可能な魂の利用』の帯には、そんな衝撃的な一文が躍っている。その世界で、40代の中年男性である私は消えることになってしまうのだろうか。消えたくない。消えたくはないのだけれど、「おじさん」が消えた世界というのはおそらく、「おじさん」たちが見ようとしていない現実に色が塗られた世界のことだ。

クリニックでピルを求める女性たちの列、バッグに忍ばせたスタンガン、外国で自由を謳歌する日本人の女性、女性限定という言葉が女性たちにもたらす安堵感、「おじさん」が社内で巧妙に行うセクハラ、公園や通学路で女子を狙う「おじさん」のカメラ、女性コミュニティで盛んに行われている情報共有、新米ママのスマホに残る検索ワードの履歴。こういった現実が、俺たち男にはちゃんと見えているだろうか？

本作は、様々な理不尽によって安全や居場所を奪われてきた女性たちが、人気アイドルとともに男性社会に革命を起こす〝レジスタンス小説〟だ。作品の中心人物である敬《けい》子《こ》は、非正規の社員として働く30代女性。勤務していた会社で正社員の男性からセクハラを受け、被害を人事に訴えたものの、〝恋愛のもつれ〟と間違った解釈をされた上、「ヒステリー女」というレッテルまで貼られ、結果的に自主退職に追い込まれてしまう。

そのことに憤りを感じ、「私が倒す」と復讐を誓った同僚女性の香川歩《かがわあゆむ》には、小柄な外見ゆえに男性たちから幾度となくナメられてきた過去がある。また、敬子が辞めたあとに職場へやってきた宇波真奈《うなみまな》にも、かつて巨大アイドルグループの一員として活動していたが、ファンの男性から性的妄想を押しつけられたことに心が折れ、アイドルを〝卒業〟した過去がある。どの女性もたくさんの傷や憤りを抱えながら日々を生きている。それは「魂」に直結する重大な問題だ。

魂は減る。

敬子がそう気づいたのはいつの頃だったか。

魂は疲れるし、魂は減る。

魂は永遠にチャージされているものじゃない。理不尽なことや、うまくいかないことがあるたびに、魂は減る。魂は生きていると減る。だから私たちは、魂を持続させて、長持ちさせて生きていかなくてはいけない。そのために趣味や推しをつくるのだ。

敬子は無職になったあと、香川歩とお茶した帰りに街頭ビジョンでたまたま見かけたアイドルの「××」に目を奪われ、猛烈にのめり込んでいく。明確に元欅坂46の平手友梨奈がモデルになっているそのアイドルは、笑わず、媚びず、鬼気迫るパフォーマンスで、魂がすり減っていた敬子の心を鷲づかみにする。そんな両者が最後、手を取り合って男性社会に革命を起こすのだが、私はその壮大なシスターフッドに鳥肌が立ち、しばし呆然となってしまった。それは興奮とショックがない交ぜになったような不思議な読書体験だった。

女性たちの魂を削り取っているのは、言うまでもなく「おじさん」、つまり男性優位の社会構造に乗っかって生きる我々男性たちだ。その姿は細部にわたって観察され、実体を見抜かれている。

女性のために怒っているようで、実は〈苛立ちを幼稚なかたちで爆発させている〉だけだということ。自衛する女性に冷笑的な視線を向ける態度が極めて〈テンプレの反応〉であること。女性に〈未熟さ〉を求めるあまり〈強さを打ち出されたくらいで脅威に感じる〉ほどメンタルがナイーブになっていること。女性に対しては高圧的なのに、男性が出てきた途端〈親しみを込めた調子で〉態度を軟化させること。でも実は男同士のほうが〈息を吐くように〉マウンティングし合っていること――。男性が部屋に鍵をかけないままコンビニへ行けてしまうことの特権性も、男性だけが叫ぶことを許されている不平等感も、男性が「こういうのでいいんだよ」という感慨を漏らすときの気持ち悪さも、すべて暴かれている。一つひとつの描写が胸に突き刺さってくる。そういったものとはまったくの無縁で、俺は女性たちの魂を削っていないと言い切れる男性などはたしているだろうか。女性に慰安を求め、女性に尻ぬぐいを押しつけるこの男性社会は、黒幕のような「おじさん」だけによって作られたものでは決してない。それはきっと、我々一人ひとりの中に宿る「おじさん」の集合体として形成されている。

そして今、世界中で「おじさん」たちによって運営されてきた世界が衰退し、危機に瀕している。それはつまり、「おじさん」のつくったルールが間違っていたということだ。進化論を持ち出すまでもなく、生存を脅かす種は淘汰されてきた。ならば人類の生存を脅かす「おじさん」が絶滅すべきだったのに、ここまできてしまった。もう後戻りのできないところまで。

女が大統領になるくらいだったらあらゆる面で醜悪な「おじさん」を大国の大統領に据えて世界を危険に晒すほうを選ぶように、急病人の命を救うことよりも男の聖域である相撲の土俵に女が上がることのほうが許せないように、深刻な環境破壊よりもそのことを真剣に訴える三つ編みの女の子の口調が気に入らないように、このままきっと「おじさん」によって国が滅び、世界が滅びる。「おじさん」によってみんな死ぬ。

日本はもう終わりが決まっているなら、わたしたちは見たかったものを見る。終わるなら終わるで、最後ぐらい好きにさせろ。

（以上、松田青子『持続可能な魂の利用』２０２０年、中央公論新社）

魂を削られた女性たちが連帯して変えようとしている社会は、今こうして我々が生きている日本社会そのものだ。政治的課題、無自覚な差別、搾取の構造など、そこには様々な問題が混在している。敬子と「××」にしたって、〈長きにわたり日本のエンターテインメントの世界に君臨〉してきた「おじさん」にプロデュースされているという矛盾を抱えている。そういう諸々と向き合いながら変革に乗り出していくシスターフッドは力強く感動的だ。そこには読み手の魂を揺さぶる迫力がある。自分もこの革命に参加したいと、心の底から思った。

しかし、悲しいかな男性である私はその連帯の中に含まれていない。その事実を受け止めながら、シスターフッドの外側で、今からどうすべきかを自分自身で考えていくしかない。この国が消えないためにも。自分がこの世界から消えないためにも。

マスキュリニティとホモソーシャルにさよならを
──『問題のあるレストラン』が描く被害と加害の連鎖

胸を打たれる復讐劇……ではあるけれど

いい仕事がしたい。ただ、いい仕事がしたいんです──。坂元裕二脚本のドラマ『問題のあるレストラン』（2015年／フジテレビ系）は、主人公・田中《たなか》たま子のそんなセリフで始まる。食べることが大好きなたま子はずっと飲食業に携わっており、人々においしい料理と素敵な時間を提供することに邁進《まいしん》してきた。

仕事とは生きる糧を得るため、生活を成り立たせていくための行為だ。地位や収入を追い求める人、最小限の労働で暮らしていきたい人、成長や生き甲斐を重視する人、誰かのために働きたい人、社会貢献がしたい人など、仕事に何を求めるかは人それぞれだが、そこには役割や目的が存在しており、本来であれば性別はさほど関係のない要素であるはずだ。しかし、冒頭のセリフの背後には「いい仕事がしたい（だけなのにどうしてそれすら叶うことが難しいのだ）」という怒りや絶望が隠れている。彼女（たち）の仕事や人生を邪魔して阻害するもの、それは性差別や特権意識にまみれた〝男性性（マスキュリニティ）〟および〝男社会（ホモソーシャル）〟という名の悪役だ。

親友のセクハラ被害をきっかけに会社を辞めることになった主人公が、個性あふれる仲間を集めてビストロを立ち上げ、古巣の会社が経営する高級レストランに勝負を挑む――これが『問題のあるレストラン』の基本的な構図だ。女性6人＋女装の同性愛男性というメンバー構成で、そこに〝マジョリティ男性〟はひとりもいない。男社会で理不尽な差別を受け、力を発揮する機会を不当に奪われてきた者たちがパーティを組んで巨悪に立ち向かっていく姿は本当に美しくてかっこよくて、深く深く感動した。個人的に心のベスト10に入るドラマ作品で、放送当時はもちろんリアルタイムで視聴し、それ以降も折に触れて三度も見返してきたほどだ。

しかし一方で、「自分は無邪気に感動していていいのだろうか？」という疑念もつきまとう。私もマジョリティ男性の一員で、本作では悪役側に振り分けられている属性だ。であるにもかかわらず、登場人物たちに無邪気に感情移入し、その復讐劇に胸を熱くしている……。そんな自分に対する戸惑いがいつまでも拭えない。

ここでは『問題のあるレストラン』に織り込まれた〝問題〟の数々を紹介しながら、このドラマが現代社会に突きつけているものについて考察していく。坂元さんがどのような意図をもってこの脚本を書いたのかはわからないが、私はこれを、マジョリティ男性が（悪しき）マスキュリニティやホモソーシャルと決別するためのきっかけになり得る作品だと強く感じている。

それぞれが抱えている〝問題〟とは

最初にドラマの中心となるレストラン「ビストロ フー」のメンバーを紹介する。彼女たちの背景や人物像は本作のストーリーテリングと密接に関わっているので、まずはそこから見ていきたいと思う（以下、登場人物たちの名前は作中で使われることが多かったもの、および伝わりやすさという観点から選んだ呼称を採用していく）。

・田中たま子（真木よう子）／32歳――仕出し会社が経営する移動式カフェで働いていたが、会社の吸収合併により飲食業界の大手・ライクダイニングサービスの社員に。そこでレストラン「シンフォニック表参道」のオープンに奔走するも、功績を同僚男性に奪われる。親友のセクハラ事件をきっかけに退職。古巣のはす向かいにある古いビルの屋上を借り、無職の友人知人に声をかけて「ビストロ フー」を立ち上げ、下の階で共同生活を始める。

・三千院鏡子《さんぜんいんきょうこ》（臼田あさ美）／32歳――たま子とは高校時代からの友人。専業主婦として家事、育児、介護を一手に担ってきたが、長年にわたる夫からのモラハラによって自尊感情が著しく低下している。離婚調停中で、奪われかけた親権を取り戻すべく一念発起。料理の腕を買われ、副シェフとして「ビストロ フー」に参加。

・几ハイジ《おしまづき》（安田顕）／39歳――「女装好きのゲイ」を自称するパティシエ。パリでの修業経験があり、お菓子職人としての確かな腕前があるものの、不当な差別や排除によってなかなか職を得られないでいた。たま子から声をかけられ店の立ち上げから参加。セクシュアリティをめぐって実家の親と絶縁した過去も。

・新田結実《にったゆみ》（二階堂ふみ）／23歳――東大卒でたま子の元同僚。性差別が蔓延する会社に愛想を尽かして退社するも、転職活動の面接でセクハラに遭い、初恋の相手には尊厳を踏みにじられるなど散々な目に。「ビストロ フー」のホールスタッフとして奮闘しつつ、自称「ゼネラルプロデューサー」として経営にも口を出す。

・雨木千佳《あめきちか》（松岡茉優）／20歳――ライクダイニングサービス社長・雨木太郎《あめきたろう》（杉本哲太）の娘。幼少期に父の度重なる浮気によって心を病んでしまった母・奏子《かなこ》（堀内敬子）の面倒をたったひとりで見ていた。たま子から料理の腕前と「誰より父親のことが嫌い」という点を見込まれ、シェフに誘われる。極度の人間嫌い。

・川奈藍里《かわなあいり》（高畑充希）／26歳――最初は「シンフォニック表参道」に勤務し、セクハラは笑って受け流せ、女の価値は男で決まると語る敵側のキャラクターだった。しかし同僚男性からストーカー&暴力被害に遭い、退職。女性同士の連帯を拒絶していたが、徐々に距離が縮まって「ビストロ フー」の一員になる。

・烏森奈々美《からすもりななみ》（YOU）／46歳――移動式カフェ時代のたま子の同僚。楽して儲けることばかり考えているふわふわしたキャラクターで、「ビストロ フー」ともつかず離れずの関係だが、物語の後半で実は弁護士が本業であることが判明。雨木社長から受けたセクハラで退職に追い込まれた藤村《ふじむら》五月《さつき》（菊池亜希子）の救済に乗り出す。

このように経歴もキャラクターもばらばらの彼女たちだが、セクハラ、パワハラ、モラハラ、女性蔑視、同性愛嫌悪、ストーカー、性的搾取、家庭崩壊、痴漢、暴言、ルッキズム、エイジズム、DV……と、男性たちから尊厳を傷つけられ、働く機会を奪われてきたという点で共通している。

物語の序盤ではそれぞれが抱える問題に焦点を当てながら、ひとりまたひとりと「ビストロ フー」に集結するプロセスを描いていく。そこにはRPGにおける仲間集めのような高揚感があるのだが、悪役側の属性である自分にとっては、わくわくとモヤモヤが同時にわき起こってくるような時間となった。

〝クソども〟による性差別的行為の数々

物語の端緒となった藤村五月のセクハラ事件とはどのようなものだったのか。彼女はたま子と鏡子の同級生で、ともに高校の剣道部で汗を流した仲間だった。吸収合併によって偶然同じ会社の社員になったたま子は、五月が出向先の飲食店で起きた食中毒の責任をかぶり、本社の会議室で謝罪したことを知る。そこで雨木社長が要求したのは「謝るなら（自発的に）服を脱げ」というもので、五月は最終的に大勢の男性社員が見つめる前で全裸になって謝罪するハメになった。

これに象徴されるように、本作では男性たちによる性差別的行為がひたすら繰り広げられていく。会社の飲み会では上司が女性社員にお酌をさせ、公然とボディタッチをし、「料理するの？」「なんで結婚しないの？」といった言葉を浴びせかける。セクハラだと指摘されれば「ジョークですよ」「堅苦しい時代になったな」と首をかしげ、女性社員がモノを申せば威圧的な態度で口を封じる。

モラハラ夫は鏡子のことを「これ」と呼んでポンコツ扱いをした上、「僕の母は無償の愛を捧げてくれた」と〝母性神話〟を押しつけてくる。就活の面接官は新田さんに「卵子は老化していくよ」「少子高齢化を解消するためにどんどん産まないと」と得意気に語り、先輩男性は川奈さんの頭を頻繁に撫で、自宅で待ち伏せし、アプローチを拒絶されたことに激昂して顔面を殴打した。

わーわーわーわーあれが嫌だこれが嫌だ。わーわーわーわーセクハラだパワハラだ、わーわーわーわー傷ついた傷ついた、何だこの傷つきました世代はよ。

これはライクダイニングサービス社員で「シンフォニック表参道」の店長でもある土《つち》田数雄《だかずお》（吹越満）のセリフだ。土田はセクハラやパワハラをバンバン繰り返す恐ろしい上司で、会社の資本力をバックにあの手この手で「ビストロ フー」に邪魔を仕掛けてくるのだが、女性から反旗を翻された途端、このように〝被害者ポジション〟を取って逆ギレしてきたりする。

シェフの門司誠人《もんじまこと》（東出昌大）はたま子と微妙な恋仲にあるものの、痴漢に遭ったたま子をあざ笑い、「俺には関係ない」「俺は何もしてない」と身近で起こっている性差別に無関心を貫く。門司の元で調理場見習いをしている星野大智《ほしのだいち》（菅田将暉）は同棲中の恋人がいる身で新田さんとセックスをし、ビジネスパートナーのような関係になっていくのだが、気軽にお金を無心し、怪しげなパーティで性的接待をさせられそうになった彼女を置いて帰ってしまう。

また、看板メニューのポトフに使用する希少な「まぼろしのベーコン」をめぐって門司と千佳で料理対決をすることになり、見事勝利して「ビストロ フー」が取引先として選ばれるのだが、生産者の男性がこっそり告げてきたのは「美人の女性に使っていただくほうが張り合いがあるから」という理由だった。

このように、本作に登場する男性たちはことごとく絶望的だ。千佳の言葉を借りれば〝クソども〟しかいない。ゆえに悪役として機能しているわけだが、だからと言って「フィクションの中のキャラクター」として処理していい問題ではないはずだ。放送時に女性たちから共感の嵐が巻き起こったことが示すように、これらはすべて〝あるある〟であり、現実社会で起きていることを忠実にトレースした世界とも言える。大げさでなく、ドラマに映し出されているのは我々マジョリティ男性の姿かもしれないのだ。

「藤村さんの顔はおぼえていますか?」

本作ではシスターフッドを強く感じる女性同士の連帯がたくさん描かれている。とりわけ圧巻だったのはストーカー被害に悩まされていた川奈さんがたま子たちの暮らす部屋へやってきたときのシーンだ。明るいテンションながらも自己防衛の壁を作り、たま子たちの優しさになびくまいとする川奈さんに対し、まわりはそれが強がりであることを見抜いている。同情されていることにプライドを刺激された川奈さんは、早口でこのような持論をまくし立てる。

え。え、何でみなさん水着着ないんですか？　わたし、いつも心に水着着てますよ。お尻とか触られても全然何にも言わないですよ。お尻触られても何とも思わない教習所卒業したんで。そういう服、男受け悪いよとかいちいち言ってくる人にも、えーそうなんですかー気を付けまーすって返せる教習所も卒業したんで。痩せろとかやらせろとか言われても笑って誤魔化せる教習所も出ました。免許証、財布にぱんぱん入ってます。痴漢に遭ったらスカート穿いてるから悪いんです。好きじゃない人から食事に誘われて断るのは、偉そうな勘違い女なので駄目です。セクハラされたら先方はぬくもりが欲しかっただけなので許しましょう。悪気はないから、された方がスルーして受け入れるのが正解です。しずかちゃんはどうしていつも駄目な男と偉そうな金持ちの男と暴力ふるう男とばかり仲良くしてるかわかりますか。どうしてお風呂入ってるとこ覗かれてもすぐに機嫌を直すかわかりますか。どうして女友達がいないかわかりますか。彼女も免許証持ってるんだと思います。上手に強く生きてる女って言うのは気にせず許して受け入れて……。

これに対してたま子は、「あなたの体は、髪も胸もお尻も全部あなただけのものなんだから、好きじゃない人には触らせちゃ駄目」と間髪入れずに返す。本作における前半のヤマ場とも言える場面だ。その場で川奈さんに受け入れられることはなかったが、感情をさらけ出してぶつかり合った彼女たちの距離はここから急速に縮まっていく。

たくさんおしゃべりをし、ときに互いを抱きしめながら、怒り、悲しみ、痛み、苛立ち、喜び、驚き、楽しさ、切なさなど、感情や感覚を高解像度で分かち合う——私は個人的に、シスターフッドをそのようなイメージで捉えており、本作でもそういった場面が随所に描かれていた。もちろん他にも様々な連帯の形があるはずだし、すべての女性に当てはまるわけでもないだろう。また、女性同士の連帯に幻想を抱き過ぎている部分もあるかもしれない。しかし、自分の実感や経験に照らしてみると、我々男性にこういったつながり方ができるとは正直思えない。

そんなシスターフッドの極みとも言えるシーンが物語の終盤に訪れる。烏森さんが実は弁護士であったことが判明したあと、五月とともに雨木社長を相手に訴訟を起こす準備を進めていくのだが、その中でたま子は「五月に直接謝罪して欲しい」と雨木社長のところへ直訴しに行く。

セクハラ事件が起こった会議室で、たま子は当日の出来事を五月に代わって再現していく。「藤村五月さんがこの会議室に訪れた時のことをおぼえていらっしゃいますか?」「藤村さんの顔はおぼえていますか?」「この時、彼女はどんな服を着ていましたか?」と、たま子は雨木社長に対して矢継ぎ早に質問を投げかける。そして上着を脱ぎ、あの日の五月と同じようにシャツのボタンを一つひとつ外しながらこう述べる。

藤村五月。一九八二年。十一月七日生まれ。福井県福井市出身。父の名前は雅行。母の名前は静子。好きな色は水色。好きな花はガーベラ。好きな場所は川原。夢は、お父さんのお店を継ぐこと。お父さんのお店はレストラン。宝物は、思い出と夢。あなたがこの部屋を出てすぐに忘れてしまった時間は、彼女にとっての一生でした。あなたにとっての小さな悪戯は、彼女の思い出も夢も壊しました。お願いします。彼女の顔を思い出してください。それが藤村五月の願いです。

雨木社長への要求は五月に直接謝罪してもらうことだった。それは単に頭を下げてもらうことではない。自分が誰にどんなことをし、どんな傷を負わせたのか。相手がどのような人間で、自分がめちゃくちゃにしてしまった五月の人生とはどのようなものだったのか。それをきちんと認識し、その罪について自分の頭で考えて、考えて、考えた上で誠心誠意謝罪して欲しいという要求だったと、私には思えてならない。

作家の姫野カオルコは、２０１６年に東京大学の男子学生５人が起こした強制わいせつ事件をモチーフに『彼女は頭が悪いから』（２０１８年、文藝春秋）という小説を書いた。そこで姫野さんは、被害者である女子大学生の人生を描写することにページの大半を割いている。事件には直接関係のない、彼女の生い立ちや人間関係、趣味や思い出などを細部にわたって執拗に描き出したのは、おそらく、加害者たちがおもちゃのように扱った女性は決して「偏差値の低い大学に通うネタ枠の女子大生」などではなく、かけがえのない人生を生きるひとりの人間なのだと訴えたかったからだ。そして、たま子が雨木社長の前で五月の人となりを突きつけるように語ったのも、きっと同じ理由からではないか。

被害と加害の連鎖をどう受け止めるか

雨木社長はその場で頭を下げて謝罪した。しかしそれは形ばかりのポーズであったことが判明し、残念ながらたま子の思いが届くことはなかった。それでも最後、五月が勇気を出して週刊誌の取材に応じたことで事件は広く世間に知れ渡ることとなった。そして雨木社長は大バッシングを受けて失脚。これはのちに起こる「#MeToo」運動を思わせるような出来事で、願っていた結末とは違ったかもしれないが、五月も元気を取り戻し、恋人の高村新《たかむらしん》（風間俊介）と「ビストロ フー」で結婚パーティを行うなど、彼女たちの連帯は最後まで強く美しかった。

しかし、私にとっては依然として重たい問題が残されたままで、シスターフッドを礼賛しただけで終わることはできない。このドラマが我々に突きつけていたものは、一体なんだったのか。

個々のバックボーンを掘り下げ、個性豊かなキャラクターとして躍動している女性たちに対し、本作に登場する男性たちは描かれ方が極めて記号的だ。その人の価値観がどのような背景から生まれたものなのか、ほとんど説明されることはない。例えばプライドが高くぶっきらぼうな門司、お調子者で根は純朴な星野、ひたすら女性蔑視的な土田など、一応の性格づけはされているものの、バックボーンはイマイチわからないままだ。しかし、そうであるにもかかわらず、男性たちの言動や振る舞いに一定のリアリティが宿ってしまっていた点こそが問題なのかもしれない。

先ほども述べたが、本作に登場した男性たちの言動はどれも〝あるある〟で、多くの女性にとって既視感のあるものだ。ゆえにそれを描写するだけで「こういう人、いるよな……」とリアルに感じられてしまうわけだが、裏を返せばそれだけ男性たちが判で押したような言動を量産しているということでもある。背景を掘り下げずともリアリティのある男性キャラクターが描けてしまうこと、もっと言えば掘り下げるべき背景を持っていないことこそ、我々が最も深刻に受け止めるべき問題ではないだろうか。

男性たちはひたすら性差別的な行為を繰り返すが、「なぜそのようなことをしたのか」について説明されることはほとんどない。雨木社長は「それがウチの謝り方」と語り、土田は「男は大変なんだよ」と言った。過ちに気づいた星野はひたすら謝るばかりで、門司も最後は内省的な視点が芽生えるものの、肝心なところで「わかんない」という言葉を連呼した。

マジョリティとはその存在が社会的に自明のものとされている人々を指す言葉だ。男性であることを主張しないと「ないもの」にされてしまう経験はそうそうないし、男性という属性に関して他者から説明を求められる機会もほとんどない。我々のまわりには「考えなくても済む」「なんとなく許されている」「そういうことになっている」といった無形の特権が漂っていて、それを〝特権〟だと意識することなく享受できてしまう環境にある。「男ってそういうものでしょ」という隠れ蓑の中で自己の言語化を怠ってきたのがマジョリティ男性で、雨木社長や門司たちから具体的な言葉が出てこなかったのもそのことと無関係ではないはずだ。そしてそれは、背景を描くことなくリアリティが宿ってしまう男性の平板さ、もっと言えばつまらなさや薄っぺらさという問題とも地続きではないかと感じられてならない。

では、どうすればいいいか。これに関しては個々人が自分と向き合いながら考えていくべきではないいか。（悪しき）マスキュリニティやホモソーシャルと決別するためには、そういった地道なプロセスをひたすら積み上げていくしかないからだ。ただ、本作にはすでにそのヒントが提示されていたようにも思う。そのひとつが「被害と加害の連鎖をどう受け止めるか」という問題だ。

例えば物語の終盤、たま子が土田とふたりで会い、雨木社長を訴えるための証人になって欲しいと依頼するシーンがある。「俺はおまえの敵だぞ。おまえがクズだカスだと思ってる側の人間だよ」と語る土田に対し、たま子はこのように返す。

わたし、土田さんのことをそんなふうに思ってません。ただ、上から投げられた泥を下にいる人に投げ返してるだけの人です。自覚はあるみたいですけど。

（以上、坂元裕二『問題のあるレストラン1』２０１５年、河出文庫）

事実、土田はレストランに自分の妻と娘を招待した際、たまたま来店した雨木社長に客足の少なさを責められ、家族の前で恫喝される姿が描かれている。星野も厨房の先輩たちから度々暴力を受けているし、門司も小学生のときに問題児の友達と縁を切った過去を明かすが、その友達は実は父親から虐待を受けていたことがわかり、自分も彼に言葉で暴力を振るっていたかもしれないと思い至る。悪の権化である雨木社長にしても、ライクダイニングサービスの創業者である自分の父親から愛情を受けずに育った過去が最終話で示唆される。「だから仕方ない」「男たちは悪くない」という話では決してないが、被害と加害の連鎖に無自覚であるがゆえに、傷やストレスといった〝泥〟を自分よりも力の弱い者に投げつけてしまっている可能性は大いにある。

かつては連鎖のなかにいて、それが女性に対する嘲笑やマウンティングという形で発露していたが、たま子の言葉によって自覚が芽生え、その連鎖から抜け出したのが川奈さんだったかもしれない。彼女たちのように、我々ももっと自分自身を抱きしめてあげるべきではないだろうか。日本語の〝問題〟は「trouble」や「problem」というネガティブなニュアンスで捉えられがちだが、他にも「topic」「issue」「matter」「question」などの意味があり、立ち向かうべき事柄、考えるべきテーマと捉えたほうが実態に近い。そう考えると、問題に遭遇し、向き合い、話し合い、乗り越え、また問題を発見していく――というプロセスを一つひとつ積み上げていったたま子たちの姿はまさに『問題のあるレストラン』と呼ぶにふさわしい。そこには問題から目を背け、いろんなことに無自覚なまま生きてこられた俺たちが見つめるべきものが無数に含まれているように思うのだ。

誰もやらないなら、あたしがやるしかない
――深夜の放心、言葉の充満

この本を読み終わったのは深夜の2時だった。風邪気味の双子を寝かしつけ、仕事部屋で目のかすみと格闘しながら最後のページをめくる。物語の始まりは2020年の春。未知なるウイルスの脅威に晒され、社会のあらゆるものが止まったあの頃だ。私はその春に40歳の誕生日を迎えた。友人が節目のお祝いをしに来てくれたが、プレゼントの袋はドアノブにかけられ、顔を合わせることはできなかった。読了後、いろんなことを思い出してしばし放心状態に陥る。これこそが読書の醍醐味だなって、つくづく思う。

山内マリコ『マリリン・トールド・ミー』は、コロナ禍で孤独を募らせるひとり暮らしの大学1年生・瀬戸杏奈《せとあんな》のもとに、ある晩マリリン・モンローから電話がかかってくるという不思議な物語だ。帯文に〈ふたりの女性の孤独が時を超えてマジカルに交錯する〉とあるように、さみしい杏奈にはうれしくもあり、ふたりは頻繁に長電話をするよ

うになる。時は流れ、3年生になった杏奈はジェンダー論のゼミに入り、マリリンを卒論のテーマに選ぶ。そして悩み、怒り、膨大な文献にも当たりながら、偏見とミソジニーにまみれた「マリリン・モンロー」のイメージを大胆に描き直していく――。本作には、そんな太くて明確な筋書きが存在する。

しかし、それだけで何かをわかった気になれる作品ではない。なぜ主人公がコロナ禍の大学生なのか。なぜそこにマリリン・モンローから電話がかかってくるのか。それがジェンダーとどう関係してくるのか。この小説の本質は、柱の間を空気のように埋める豊かなディテールを浴びてこそ見えてくる。いや、見えてくるというより、読み手の思考や経験と呼応しながら「もわもわ立ちこめていく」というほうが正確かもしれない。例えば、こんな描写。

　ママがダンボールに入れておいてくれた食料でとりあえずは凌ぐ。パスタソースとレトルトカレーと袋ラーメン。フローリングの床は石みたいに冷たくて、あたしはいつもベッドに避難してる。一日中お布団とマイクロファイバーの毛布をこっぽり被って、起きてる間はずーっとスマホを見てた。YouTube、TikTok、Twitter、Instagram、ときどき無課金のゲーム、アニメ、ドラマの無限ループ。Wi-Fiがあれば暇なんていくらでも潰せる。けどなんか、胃にポテトチップスだけ詰め込んだみたいな、栄養ゼロのもので体を満たしてる虚無感がすごい。

なんかわかる……。あの虚無感や焦燥感が内臓感覚を伴って身体に再生される。こういう体験が続いていくのが本作の魅力で、街の静けさ、コンビニ店員の不安、不慣れなZoom、久しぶりに乗った実家の車、大学教員との距離感、SNS上の議論、ジェンダー観のアップデート、間違えてしまうことへの恐怖、行動的な人への嫉妬、下の世代と接するときの戸惑い、お金の不安、政治への怒り、進まない就活、数年ぶりの飲み会、活気を取り戻す街、マスクはどうすればいいのか、コロナはもう終わったのか——と、この数年間の社会や暮らしの変遷がページをめくるたびに質感を帯びながら呼び起こされていく。そうだそうだ、確かにこんな感じだった。私たちはいろんなことを少しずつ忘れ、いつの間にかあの時代を「コロナ禍」という大きなイメージでくるんでしまったけれど、その分厚い皮をひっぺがし、中で真空パックされていた諸々を解き放っていくところにこの小説の本質が宿っている。

杏奈がマリリンを描き直していくプロセスも同じで、よく考えたら活躍した期間は10年余りと短く、没後からもすでに60年以上が経っているというのに、今なお〝セックス・

シンボル〟として世界中で知られている——というかそのイメージしか流通していないことの奇妙さと理不尽さを確認した上で、様々な文献に当たりながら〝語られてこなかった側面〟に光を当てていく。マリリン・モンローが内向的な読書家だったこと。幼い頃から何度も性被害に遭っていたこと。映画業界の搾取構造と闘っていたこと。求められるイメージに嫌悪感を抱いていたこと。「#MeToo」の先駆けとも言える告発を行っていたこと。演劇学校で演技を学んでいたこと……。私自身、初めて知ることばかりだった。これは著者が作家の柚木麻子と共に責任編集を務めた『エトセトラ』VOL.2「We♥LOVE 田嶋陽子！」特集号（2019年、エトセトラブックス）を読んだときと同じ感覚で、自分もまた偏見とミソジニーに満ちた彼女たちのイメージを放置し、温存してきた側のひとりであることを痛感させられた。

あのね、あたしマリリンのこと尊敬してる。努力して夢を叶えて、ハリウッドスターになった。でもその世界がおかしかったら、ちゃんとおかしいって声をあげて、変えようとした。ハリウッドはね、二〇一七年にやっと変わりはじめるの。マリリンは一人で闘ってたけど、今度はたくさんの人が声をあげた。マリリン、時代の先を行くのは大変だったでしょ？　誰もついてこないのはさみしかったでしょ？　生きてる間はちゃんと評価されなかったし、存在を軽く見られてた。あざけられるのは、嫌なもんだよね。ね、マリリン。マリリン。

（以上、山内マリコ『マリリン・トールド・ミー』２０２４年、河出書房新社）

杏奈は（そして著者の山内さんも）、ずっと心の中でマリリンとおしゃべりを続けていたのだろう。残された言葉の行間に耳をすまし、残されることのなかった声にも思いを馳せながら、彼女を知的で繊細で大胆なかっこいい女性像に書き換えていく。そこには「誰もやらないなら、あたしがやるしかない」という気迫がほとばしっていて本当に痺れる。めちゃくちゃかっこいいなって思う……のだけれど、やはりここでも「俺は呑気に感動しててていいのか？」という問い返しの波に襲われる。

本作には権力を使って欲望を叶える男の姿が、妻をコントロールしてプライドを守る男の姿が、気持ちよく性搾取するために耳をふさぐ男の姿が、〝黒一点〟の状況にあぐらをかく男の姿が、都合のいい幻想を押しつける男の姿が、生々しく、容赦なく描かれている。マリリンが安い固定給でこき使われていた世界と、大学卒業を前にした杏奈たちが働く場所としてまったく希望を抱けない現代の日本社会は、確実につながっている。マリリンをひとりの人間として扱わず、いつまでも〝ダム・ブロンド（頭の悪い金髪女）〟

のイメージを押しつけようとする世界と、やれ女性の活躍だ社会進出だと謳いながら、結局は女性を家に押し込め、労働力として搾取し続けようとするこの社会は、完全に相似形だ。そんな、この社会のあらゆる場所で働く家父長制的な力学に対し、我々男たちはどう向き合っていくのかと、本作からは重たい宿題も受け取った気がする。

でもきっと、それはありがたいことなのだ。ぐらぐら揺らぎ、とり乱し、私の中に大量の言葉が充満していく。この5年間、仕事や育児、コロナや身体の衰えなどいろいろ大変だったけど、思えばよく生き抜いてきたものだよね……。これからも課題は山積みだし、たくさん失敗だってしてしまうだろうけど、なんとか頑張っていこう。もうすぐ深夜の3時。もちろん電話は鳴らないけれど、読書だってときにマジカルだ。

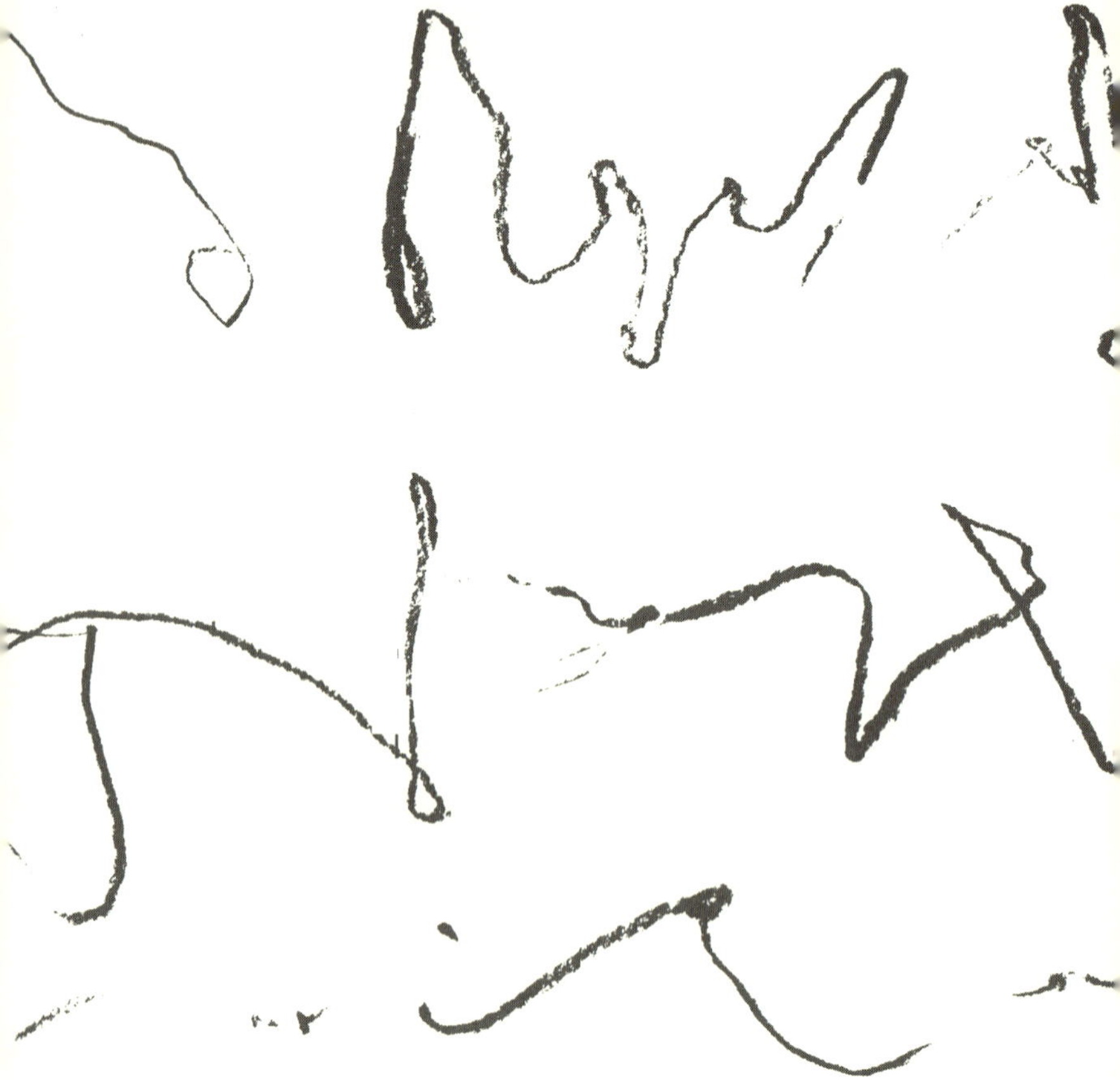

2

我は、おじさん——男性優位社会と中年世代の責任

社会の価値観を形作っているのは誰なのか？
——人気バラエティのジェンダー表現

エビデンスのような形で可視化できないテレビの影響

テレビをあまり見なくなって久しい。中高生の頃はドラマやバラエティをいろいろ熱心に見ていたが、大人になってからその時間のほとんどはネットへ移行した。追いかける番組はその時々で気になったドラマくらいで、寝しなにぼんやりバラエティを眺めるか、SNSで話題になっていた番組を「TVer」「ABEMA」「Hulu」といった動画配信サービスで後追いするのがもっぱらの視聴スタイルだ。

そのような傾向は、きっと私だけの話ではない。社会全体で見ても、テレビというメディアの存在感はかつてよりも確実に下がっているはずだ。しかし、ジェンダーの問題を考えるとき、テレビの影響はそれでもまだまだ侮れないものがある。例えば「父親は会社で働き、母親が家事育児を担う」という家族像や「男性がリーダー、女性はフォロワー」といった役割分担などが典型的だが、そういった構図がドラマやバラエティのなかで繰り返し描かれることにより、それが〝普通〟の家族であり、男女の役割とはそういうものなのだというイメージが視聴者に刷り込まれていく。いくら見ない人が増えているとはいえ、テレビ番組が今なお何百万人・何千万人という単位の視聴者に見られ、また出演者も人気や知名度の高い人たちばかりであることを考えると、ジェンダー観の形成に影響を与える装置としての力はやはり計り知れないものがあるだろう。

今から書いていくのは、人気バラエティ番組におけるジェンダーの〝描かれ方〟についてだ。メインで取り上げるのは『しゃべくり007』(2008年〜、日本テレビ系)『ロンドンハーツ』(1999年〜、テレビ朝日系)『水曜日のダウンタウン』(2014年〜、TBS系)『全力!脱力タイムズ』(2015年〜、フジテレビ系)『月曜から夜ふかし』(2012年〜、日本テレビ系)『激レアさんを連れてきた。』(2016年〜、テレビ朝日系)という人気の6番組で、この原稿の執筆期間に放送された回の中から、ジェンダー的な視点で違和感を抱いたシーンにフォーカスしながら、そこで描かれている構図や提示されているメッセージなどについて考察していく。また、画面上に立ち現れているわけではないが、「語られていないこと」や「描かれていないこと」がなんらかの意味を持つような事例についても言及していきたいと思う。

価値観に及ぼす影響というのは数値化できず、何にどのくらい影響を受けているかを自覚し、把握することはとても難しい。また、1回のシーンで決定的な影響を受けるわけではなく、似たような光景を繰り返し目にすることで知らぬ間に形成されていく類のものだ。エビデンスのような形で可視化できないものだからこそ、具体的に描かれているシーンをつぶさに眺めながら、そこから受け取ってしまいかねないものについて想像力を駆使しながら考察していくことが重要ではないかと私は考えている。

フェミニズムを茶化した『水曜日のダウンタウン』

番組を視聴したのは2021年2月15日から22日にかけてだった。原稿の執筆期間と偶然重なっただけというのがその理由だが、テレビは「スイッチをつけたときにたまたま見るもの」という側面も強いため、ここでは視聴した順に沿って目にした光景を描写していく。

最初に紹介するのは2月15日（月）放送回の『しゃべくり007』だ。上田晋也・有田哲平（くりぃむしちゅー）、名倉潤・堀内健・原田泰造（ネプチューン）、徳井義実・

福田充徳（チュートリアル）の7人が毎回ゲストを迎えてトークする番組で、この日はフリーアナウンサーの羽鳥慎一がスタジオに登場。羽鳥が持ち込んだのは、「2年後に化けそうな美女」と題し、自身が司会を務める『羽鳥慎一モーニングショー』（2015年〜、テレビ朝日系）で定番のフリップボードを使いながら3人の女性アナウンサーを紹介するという企画だった。

羽鳥が推したのは岩田絵里奈（日本テレビアナウンサー）、忽滑谷《ぬかりや》こころ（日本テレビアナウンサー）、ハードキャッスルエリザベス（フリーアナウンサー）の3人で、ひとりずつスタジオに招き、それぞれの魅力をレギュラー陣にプレゼン。勉強熱心でプロ意識が高く、ベテラン芸人の無茶振りにも臆せず乗っかっていく3人は確かに素敵な人たちだった。しかし、アナウンサーの大先輩でもある羽鳥が中年男性ばかりのレギュラー陣に「美女」の魅力をプレゼンするという構図はいかにもホモソーシャル的だ。また、女性たちを褒めるのに「存在感を出しすぎないくらいがやりやすい」「よく笑ってくれる子」「初々しくて、男心をそそられる」といった言葉が使われていたり、男性出演者たちが年下の女性にものまねを無茶振りして盛り上がっていたりするところがとても気になった。わちゃわちゃした楽しい雰囲気の番組ではあったが、全体としては「一歩引く」「出すぎない」という〝わきまえた態度〟を心がけつつ、先輩芸人に笑いを求められたときは思い切って前に出て、おもしろおかしくイジられることこそ女性アナウンサーの処世術なのだというメッセージになっており、「これぞおじさん社会……」という感じが漂っていた。

2月16日（火）放送回の『ロンドンハーツ』は「格付けしあう女たち」という特集だった。あんり（ぼる塾）、福田麻貴（3時のヒロイン）、よしこ（ガンバレルーヤ）、薄幸（納言）、藤田ニコル、朝日奈央、ゆきぽよ、みちょぱ、峯岸みなみ（AKB48）、鷲見玲奈という、バラエティで活躍している10人の女性が集まり、「男を見る目が無さそうな女」をテーマにそれぞれランキングをつけ合って発表する企画で、それをMCの田村淳（ロンドンブーツ1号2号）をはじめとする4人の男性芸人が見守る構図になっていた。この「格付けしあう女たち」はこの番組の名物企画で、これまでも様々なテーマで放送されている。「女性同士のバトルを男たちが高みから見物する」という構図はいかにもホモソーシャル的だし、いわゆる〝容姿イジり〟や、「誰にでも抱かれるんじゃないか」といったセクハラ発言も散見され、引っかかる点は多々あった。しかし、これは後述するが、場の空気を仕切っていたのがぼる塾のあんりであった点に、バラエティにおけるパワーバランスの変化を感じたりもした。

次に紹介するのは『水曜日のダウンタウン』だ。毎回プレゼンターが独自の説を紹介し、それを検証したVTRを眺めていくというドッキリ番組のような構成で、2月17日（水）の放送回ではアンジャッシュの児嶋一哉が「ネタ番組でつけられたキャッチフレーズどんなにしんどいモノでも渋々受け入れちゃう説」をプレゼン。元日にオンエアされた『笑いの王者が大集結！ドリーム東西ネタ合戦2021』（TBS系）のリハーサルを舞台に、かまいたちや3時のヒロインなど5組のお笑い芸人が2パターンのニセキャッチフレーズを聞かされ、リアクションを試されるという主旨だった。

褒め殺しや悪口、ネタのオチを先に言ってしまう出囃子など、芸人にとってはやりづらいキャッチフレーズばかりで、それにすんなりOKを出してしまうか否かが検証のポイントだった。各芸人たちの人柄がにじみ出るおもしろい企画ではあったが、気になったのは3時のヒロインのケースで、「男社会に喝！女性差別絶対反対！超濃厚フェミニズムトリオ！3時のヒロイン！」「ズバッと鋭く論破論破論破！男社会にタックルだ！令和のトリプル田嶋陽子！3時のヒロイン！」という2パターンのニセキャッチフレーズを提案されていた。実際の『ドリーム東西ネタ合戦』では「2019年、THE W王者、3時のヒロイン！」という芸人としての実績を示すシンプルな出囃子だったが、ここでは2パターンともフェミニズムを茶化すようなキャッチフレーズが提示されていて、苦笑いをしながら困惑する3時のヒロインと、それをスタジオで笑いながら眺めるダウンタウンの姿が印象的だった。

『月曜から夜ふかし』に見られた男性ADへのセクハラ

有田哲平がMCを務める『全力!脱力タイムズ』は、ニュース番組のような形式で進行していくバラエティで、コメンテーター役として呼ばれた芸人に様々な無茶振りを仕掛けることで笑いを作っていくのがひとつのスタイルとなっている。2月20日（土）の放送回では稲田直樹（アインシュタイン）が出演し、同じくゲストとして招かれた俳優の松下洸平とともに「現代のコミュニケーション事情にメス!男女トラブルを一挙に解決」という特集テーマについてコメントを求められた。ここで気になったのは、トラブルの事例を再現ドラマで紹介するシーンだ。緊張で演技できなくなってしまった役者の代役を急きょ稲田がやらされるという無茶振りがなされるのだが、モテる男の役ばかり演じさせられる稲田を見て笑う構図になっていた。「2019年よしもとブサイクランキング」で1位に選ばれた稲田にイケメン役を演じさせることでギャップを演出しようという狙いは理解できる。ある種の容姿イジりであり、稲田がそれをうまく笑いに変えてくれる芸人だということもわかる。しかし、そういった笑いはそもそも差別的だし、すでに稲田自身が話芸や発想力によって芸人として高く評価されていることを思うと、このイジり方自体が時代錯誤なものに感じられてならなかった。

マツコ・デラックスと村上信五（SUPER EIGHT）による『月曜から夜ふかし』は、路上で出会ったアクの強い人々や、全国各地の街の小ネタをテンポよく紹介していくことで人気を博している番組だ。2月22日（月）の放送回でも様々な企画が詰め込まれていたが、引っかかりを覚えたのは「誰もやらなかった調査をやってみた件」と題したVTRで「ヌードペン」の作り方が紹介されたくだりだ。これは逆さにするとビキニ姿の女性が裸になるというペンで、「海外旅行で買ってくるいい加減なお土産の代表格」と紹介されていたように誰もが一度は目にしたことがあるものだと思うが、この商品を作っている会社が日本にあり、その仕組みを教えてもらうという内容だった。誰の写真でも作れるとのことで、番組では男性ADのヌードペンを試作。スタジオでそこに写る股間を凝視し、「お前デカいな」「加工してないの?」などと笑いながらイジる村上とマツコの言動は明確なセクハラであり、気持ちの悪さしか感じなかった。

最後に紹介するのは、若林正恭（オードリー）と弘中綾香（テレビ朝日アナウンサー）がMCを務め、特殊な人生経験を持つ人々をスタジオに招いてインタビューしていく人気バラエティ『激レアさんを連れてきた。』だ。2月22日（月）の放送回では「35歳でやっと自分が超大食いだと気づき、どん底人生から一発逆転した人」というテーマで、フードファイターのＭＡＸ鈴木がスタジオに登場。ゲストのカズレーザー（メイプル超合金）と水原希子も交えてその半生を振り返った。20歳で大学を中退し、パチスロ三昧の日々を送ってきたＭＡＸ鈴木は、ギャンブルで総額数千万円の負けを作りつつ、付き合っている女性の部屋を転々とすることでなんとか食いつないできた。そんな鈴木は35歳のとき、テレビ番組で見かけた〝爆食女王〟もえのあずきの姿に感動し、大食いの道に挑もうと一念発起。それまで大食漢という自覚はなかったが、飲食店が提供しているチャレンジメニューを次々とクリアするなかで大食いの才能が開花し、ついにはテレビ東京の人気番組『元祖！大食い王決定戦２０１５』で優勝するに至る。翌年は惜しくも決勝戦で敗れ、「2位もビリも一緒」と絶望のどん底に落ちてしまうが、そこから結婚や猛特訓を経て２０１７年大会で見事リベンジ。超人的な努力を重ねて人生の一発逆転を果たし、妻や師匠に涙しながら感謝の意を示すＭＡＸ鈴木のストーリーは確かに引き込まれるものがあった。

しかし、女性の部屋を転々とする生活をヤドカリにたとえておもしろおかしく語ったり、過去に二股をかけていたエピソードを「リスクヘッジ」と笑い話のように扱ったり、複数の女性と肉体関係を持っていた鈴木を「大食い」と形容して笑ったりと、引っかかりを覚えるところも多々あった（スタジオでも水原希子がそういう部分に疑問を呈していた）。また、すべてを賭けて夢に挑戦する人々の物語はとかく美しいものとして語られがちだが、その生活をしている間、例えば家事や身のまわりの世話は誰がやっているのか、誰から情緒的なサポートを得ているのか、そういった部分はほとんど語られることがない。ＭＡＸ鈴木の場合はどうだったかわからないし、仮にすべてを妻に任せていたところで双方の合意があれば問題ないのかもしれないが、目標に向かって頑張る姿だけがフォーカスされることでサポートしてくれる人の存在に気づきにくくなるという問題も発生するため、ここで「語られていないこと」や「描かれていないこと」も個人的にとても気になった。

低迷を続ける「ジェンダーギャップ指数」とも地続きの問題

さてここまで、２０２１年２月15日から22日にかけて視聴した人気バラエティ６番組のなかから、ジェンダー的な視点から引っかかりを覚えたシーンをスケッチしてきた。繰り返すが、これらは本稿の執筆期間とたまたま重なった時期に放送された回を時系列で並べただけのものであり、内容を見て選んだわけではない。しかし、視聴したすべての番組に気になるジェンダー表現が見受けられた。これが全体的な傾向なのか、それとも単なる偶然によるものなのかはここでは判断できないが、濃淡あれどすべての番組でこのようなシーンが散見されたことは事実であり、これを踏まえて最後に個人的な見解をまとめてみたいと思う。

私は男尊女卑的な傾向が強いこの社会において〝マジョリティ男性〟として生きてきた。いわゆる男性特権を無自覚に享受している部分も多々あるはずだし、30代になるまでジェンダーという言葉の意味すらちゃんと理解できていなかった。桃山商事の活動をしていなかったら今なお無知な状態で暮らしていた可能性も否定できない。だから偉そうなことは言えないし、自分事として捉えていかねばならない問題でもあるのだが、それでもなお、これら人気バラエティのなかで描かれていた景色やそこで提示されていたメッセージには疑問を抱かざるを得なかったし、批判されるべきものだと思った。なぜならそれらは当該番組だけにとどまる問題ではないからだ。

例えば『全力！脱力タイムズ』や『激レアさんを連れてきた。』がそうであるように、メインのMCを男性が務め、それを女性アナウンサーがサブとして支えるというのは報道番組やワイドショー含め様々なところで目にする構図だ。バランスが偏り、男女の役割分担を固定化させかねない問題であるはずなのに、こういった景色を繰り返し眺めることでそこに違和感を抱きづらくなっていく可能性がある。これはテレビの中だけの話ではなく、政治や経済など意思決定の場が男性ばかりで占められ、世界経済フォーラム発表の「ジェンダーギャップ指数」で日本が毎年下位を低迷していることとも地続きの問題ではないか。

容姿イジりやセクハラ発言、『しゃべくり007』で見られたような「女性とはこうあるべし」というメッセージも、この社会に存在する偏見やステレオタイプを助長させかねないものだろう。また、『月曜から夜ふかし』に見られた男性に対するセクハラというのも目をつぶってはならない問題だ。心身のケアを怠ってしまう「セルフ・ネグレクト」という言葉があるが、しばしば男性に顕著な問題として語られるのは、メディアをはじめ様々な場所で「男は雑に扱っても大丈夫」「自分を大事にしようとする男はダサい」といったメッセージが繰り返し発せられていることと無関係ではないように感じる。そういった価値観を男性たちが内面化してしまった結果、セルフケアの習慣が育たず、ストレスが自分にも他人にも向かってしまう――そんなリスクを増大させることにもつながる問題だと思えてならない。

バラエティ番組のなかでイジられるということは、視聴者にとって「からかっていい対象ですよ」というサインになりかねない。例えば『水曜日のダウンタウン』で3時のヒロインにつけられた「男社会に喝!・女性差別絶対反対!・超濃厚フェミニズムトリオ!」というキャッチフレーズは、明確にフェミニズムを茶化している。ふたつめの「ズバッと鋭く論破論破論破!・男社会にタックルだ!・令和のトリプル田嶋陽子!」に至っては、「フェミニズムの直接表現に配慮」という注釈をつけた上で提示されていた。おちょくるようなコピーを勝手に作っておきながら、「フェミニストに怒られちゃうかも(笑)」と言わんばかりの注釈をつけ、さらに田嶋さんの名前まで持ち出してイジり倒している。勢いのあるナレーションとも相まってスタジオや視聴者の笑いを誘う場面になっていたことは確かだが、フェミニズムを〝からかっていいもの〟として扱っていることは明白で、そこにミソジニーの根深さを感じざるを得なかった。

次世代の台頭でベテラン芸人たちにも変化の兆しが

このように、何気なく眺めているテレビ番組のなかには様々な問題表現が埋め込まれており、それらを無自覚に吸収することで知らぬ間に偏見や蔑視が形成されていく可能性は否定できない。なかなかにしんどい状況で、看過することも到底できないが、一方で希望の芽がないわけではなかった。正直に言うと、番組を視聴する前はもっともっとひどい状況を想像していた。スタジオはベテランの男性芸人ばかりで占められ、時代錯誤なセクハラ発言や容姿イジりがバンバン繰り返され、見るに堪えないホモソーシャル的な景色がひたすら広がっているのだろう……というイメージを抱いていたのだが、もちろんそういうシーンは多々あれど、意外だったのは中高年の男性芸人たちが思いのほか気をつかいながら会話していた点だ。

例えば『ロンドンハーツ』の田村淳は番組のメインMCであるにもかかわらず、進行や文脈づくりのほとんどをぼる塾のあんりに委ねていた。彼女の豊富な語彙や理路整然としたしゃべりの力による部分はもちろん大きいと思うが、あんりを占い師の先生に見立てて持ち上げ、その鋭いコメントに追従しながら場を盛り上げるフォロワー役に徹していたのが印象的だった（昔の田村淳だったら主導権を渡さず、意地の悪いコメントで女性たちの仲をかき乱そうとしていたはずだ）。田村淳ほどではないにせよ、『水曜日のダウンタウン』でも松本人志がフワちゃんにややすり寄る感じで相づちを求めていた姿も意外だったし、本稿では詳しく取り上げなかったが、２０２０年末に放送された『アメトーーク！』（２００３年〜、テレビ朝日系）の5時間SPにおいても、ゲストの明石家さんまがヒコロヒーに「女性観が古い」といった主旨のツッコミを入れられ、たじたじになったシーンも印象深い記憶として残っている。

ベテランの男性芸人がこういった姿を見せるようになったのは、おそらく「お笑い第7世代」の台頭と無関係ではないだろう。この第7世代というくくりは霜降り明星のせいやが提案したものとされているが、思いつきで言ったこととせいや自身が語っているように、そこに明確な定義があるわけではない。ただ、霜降り明星やEXIT、四千頭身に宮下草薙、フワちゃん、ぼる塾、3時のヒロインなど、そのほとんどが平成生まれの若手芸人たちに第7世代という枠組みが与えられたことで、そのパッケージで番組に呼ばれることが増えたり、MCを務めるベテラン芸人との間に「新しい側／古い側」という構図が設けられたりするようになったのは確かだ。この影響は小さくないと感じていて、古い側に振り分けられてしまったベテラン芸人たちは、恋愛にしろ流行にしろジェンダーにしろ、どんな話題のときも「時代遅れ」「ダサい」「つまらない」といったレッテルを貼られてしまう恐怖と隣り合わせで、それが態度や言葉の選び方に気を配ったり、ひな壇の若手たちに意見をたずねたりという部分につながっているように見受けられた。また若手芸人にとっても、「新しい側にいる」という権力性が付与されたことにより、大御所相手にも堂々と振る舞えたり、臆せずツッコミを入れられたりということが可能になったのではないかと感じる（もちろん相当なバランス感覚の上で成り立たせていることだとは思うが）。

このように、次世代芸人の台頭でベテランたちに緊張感がもたらされ、それによってバラエティ番組のジェンダー表現がセンシティブかつダイバーシティな方向へと少しずつ変化していっているのではないか……というのが私としての実感だ（動画配信サービスによってアーカイブが残り、炎上につながりやすくなっているのもベテラン芸人たちに変化をもたらした一因かもしれない）。

ちなみに本稿では紹介できなかったが、ジェンダー観においてはバラエティ番組よりもワイドショーのほうがはるかにひどい印象で、とりわけ『とくダネ！』（１９９９年〜２０２１年、フジテレビ系）の小倉智昭や『バイキングＭＯＲＥ』（２０２０年〜２０２２年、フジテレビ系）の坂上忍、『グッとラック！』（２０１９年〜２０２１年、ＴＢＳ系）の立川志らくや『情報ライブミヤネ屋』（２００６年〜、日本テレビ）の宮根誠司などは耳を疑うような女性蔑視発言が目立ち、またジェンダーに関するニュースの扱いも偏見まみれのことが多く、疑問しかない（本稿の執筆中も、２０２１年２月26日放送の『グッとラック！』で、ジェンダーバイアスについて論じた太田啓子『これからの男の子たちへ』（２０２０年、大月書店）を取り上げた際、ＭＣの立川志らくがスカートめくりをする男子を笑いの文脈で正当化したり、「男の子はそれくらいで泣くな」とジェンダーの呪縛を強化するような発言をしたりと、驚くようなコメントを連発したことでSNSを中心に抗議の声が殺到していた)。

もっとも、ワイドショーよりバラエティのほうがまだマシだからといって、本稿で紹介してきた事例が示すように、偏見や蔑視につながり得るジェンダーの描かれ方はまだまだ多い。テレビは〝ながら見〟することが多いメディアだし、演出や構成が巧みなのでついおもしろく見てしまうし、そこから受ける影響も可視化できないし……と、依然として難しい問題ではある。

「社会」という視点から見れば、やはり今のままでいいはずがないだろう。テレビの中で繰り広げられた光景は、様々な形で我々の生活に入り込んでくる。直接的な影響はもちろん、視聴していなくても、例えば印象的な場面が切り抜かれ、ショート動画としてSNSで拡散されていくことはもはや日常茶飯事だし、バラエティのノリや企画がYouTuberやTikTokerに模倣され、それとはわからないまま間接的に広まっていく可能性だって大いにあり得る。

そして、その影響を最も受けやすいのは若者や子どもたちだろう。つまりこれは、男性優位な社会構造を、性差別的な言動を、いびつな性別役割意識を、無自覚のまま若い世代に受け継がせてしまう〝価値観の再生産〟にまつわる話なのだ。番組の作り手だけに問題があるわけではない。受け手もまた共犯関係なのであり、そのことを、我々は大人として真正面から向き合う時期にきている。クスッと笑ってしまったあとに、「はて？」と立ち止まってみる。そこで笑った自分の感覚を「なぜだろう？」と再点検してみる。そして、問題だと思ったことがあれば臆せず声を上げてみる。身近な誰かに伝えてみるでもいいし、SNSのような場で発信してみるのもありだと思う。ベテラン芸人たちに見られた変化の兆しのように、批判や緊張感といったものが有効に作用することは大いにあり得る。地味で面倒なことだし、「いちいちうるさいな」「テレビくらい楽しく見させてよ」って意見もあるとは思うけれど、社会を構成する側、その価値観を形作っていく側としての意識を持って行動していくことが、我々大人が果たすべき責任ではないだろうか。

かつて男の子だった私たちに課せられた責任は小さくない

人気YouTuberによって再生産される女性蔑視

ここ数年、「YouTuberとミソジニー」の問題が気にかかっている。女性の外見を悪意たっぷりに品評し、ナイトプールに集う女性たちに嫌がらせを仕掛け、道行く女性にいくら払ったら胸を揉ませてくれるかを検証する……といった酷い内容の動画が次々アップされ、「#MeToo」を茶化すようなドッキリ企画で著名なYouTuberが大炎上したこともあった。マッチングアプリで出会った女性と肉体関係を持てるかを男同士で競い合う動画や、1万円で〝激安風俗〟と言われるお店を何軒もまわり、サービスを担当してくれた女性の年齢や容姿を嘲笑しながらレポートする動画なんかも定番の人気企画だ。

こうして文字にするだけでもおぞましいばかりだが……これは決して一部のマイナー

なYouTuberによる悪ふざけではない。どれも数十万から数百万単位、ときには1千万を超える規模で再生されている人気のコンテンツであり、作り手たちはこれらによって大きな利益と知名度を獲得している。

もちろん批判されることも少なくないし、実際に「#MeToo」をネタにしたYouTuberは炎上の余波で大規模な主催イベントの中止を余儀なくされた。しかし圧倒的に多いのは肯定的な声で、〝神企画〟として絶賛されているばかりか、こういったYouTuberに憧れを抱き、彼らのマネをし始める男性たちが無数に存在する。再生回数がモノを言う世界にあっては、インパクトの強い場面がショート動画として切り抜かれ、SNSでさらに拡散されていく。若い世代にとって日常の一部であるYouTubeやSNSでミソジニー的価値観が拡大再生産されている現実を思うと、頭がくらくらしてくる。

レイチェル・ギーザ『ボーイズ――男の子はなぜ「男らしく」育つのか』は、社会に流布する「マスキュリニティ（＝男性性）」のイメージがどのように形成され、（主に幼少期の）男の子たちがそれらをどう内面化していくのかについて考察した「男らしさ」をめぐるルポルタージュだ。スポーツ、学校教育、ゲーム、遊び、男同士の友情、恋愛、性的なからかいなど、事例として紹介されるのが男子にとって〝あるある〟なシーンやシチュエーションばかりで、読みながら様々な記憶が呼び起こされる。

男らしさのイメージは「マン・ボックス」という概念で説明されており、その中には〈タフ、強い、大黒柱、プレイボーイ、ストイック、支配的、勇敢、感情を出さない、異性愛者〉といった要素が並ぶ。そこには〈性に関して主体的・攻撃的でなくてはならない〉というルールも含まれており、女性を〈妄想と快楽のためのモノに過ぎない〉と捉える傾向の存在も指摘されている。悲しいかな、YouTuberのミソジニー動画も社会的に構築された男らしさの産物である可能性が高い。

このように捉えられる「男の子」は、疑問の余地のない、不変で均質的なアイデンティティであり、男の子そのものが問題なのだ、という扱いをされる。彼らが周囲からどのように認識され、自分自身をどのように認識するかを決定するうえで、大人や幅広い文化が果たしている役割についてほとんど考えられていない。また、男の子たちがそのときどきの自分の必要性に応じ、主体性をもってマスキュリニティの規範に従ったり、あるいは反抗したりするという可能性も認めていない。じっと座っていられない子、すぐにけんかを始める子、クラスメートの女の子に嫌がらせを言う子、本を読むのが大嫌いな子、シューティングゲームばかりしている子——彼らについて、自明の理のように「男の子だから」という言葉で片づけてしまっていいのだろうか？　それとも、なにか別の働きかけがあるのか？　自分たちが生まれるずっと前につくられたルールに反応し、順応しているのではないか？

本の冒頭で著者はこのような問いを立てている。彼女はカナダ在住のジャーナリストで、女性パートナーとともに養子縁組で迎えた息子を育てており、「男性として良い人間に育てたい」「ありのままの自分を表現してよいのだと息子に感じてほしい」と切に願っている。そんな思いを胸に、膨大な文献や取材を通じ、複雑に絡み合い、また強固に塗り固められたジェンダーの糸を一つひとつ丹念に解きほぐしていく。

流布する風説をエビデンスに当たりながら反証し、旧来的な固定概念に対しては「男の子たちの実態とは異なっている」「そう思い込みたい大人の側に問題があるかもしれない」と解体を迫る。また、ステレオタイプを強化することで利益を上げようとするメディアやマーケットの思惑を暴き、鋭い批判を投げかける。

それは男の子を育てている親たちの参考書となるばかりでなく、かつて男の子だった大人の男性たちや、今まさにジェンダーの影響を空気のように吸い込みながら育っているであろう若い男性たちが自らを省みるための鏡としても役立ってくれるように思う。

あれは男同士の関係のなかで育まれたものだった

私も本書を読みながら、10代のときに抱いていた気持ちをいろいろ思い出した。本当は『ちびまる子ちゃん』や『ママレード・ボーイ』が好きだったのに、友達と話を合わせるために無理してバトル漫画やスポーツ漫画を読んでいたこと。男らしさに欠ける自分を変えようと、クラスメイトの前で積極的に下ネタを話そうと頑張っていたこと。初めて失恋したときに男友達の前で泣いてしまい、笑われてさらに傷ついたこと……。

中学高校と男子校に通っていたこともあり、思春期のほとんどを女子と交流のないまま過ごした。女子は外見にしか興味が持てず、ひたすら恋愛や性の対象でしかなかった。その一方で、何度合コンに行っても恋人ができず、「俺には男としての魅力がないんだ」「どうせ女はイケメンが好きなんだろ」と非モテ意識をこじらせていた。もしもあの頃YouTubeがあったら、自分もミソジニーYouTuberに憧れるひとりになっていたかもしれない。女性を馬鹿にし、モノのように扱う動画を見ながら、「いい気味だ!」「俺を蔑《ないがし》ろにした罰だ!」とカタルシスを覚えていた可能性だって正直否定できない。

こんな時代に男の子を育てるとなると、慎重にならざるを得ない。男らしさについて構築された有害な概念が、ジェンダー間の不均衡な力関係や、男性から女性への暴力といった犠牲を生んでいることは否定できない。しかし同時に、見落としてはならないのは、そういった男らしさについての考えやふるまいが、男の子たち、男性たちにも非常に大きな害を及ぼしていることである。若い男性たちのあいだで、ステレオタイプどおりのマスキュリニティに則り、支配的でタフな男らしさを体現しようとする傾向は、うつ、薬物乱用、いじめ加害、非行、危険な性行為、性的満足度の低さ、パートナーへの虐待などと関連付けられている。逆に、男らしさのルールに同調しない男の子たちや、その基準を充分に満たせない、あるいは満たそうとしない男の子たちも、いじめのターゲットになったり、ばかにされたり、排斥されたりというリスクを負う。（中略）マン・ボックスはとても孤独な場所のように感じられる。

（以上、レイチェル・ギーザ『ボーイズ——男の子はなぜ「男らしく」育つのか』冨田直子＝訳、2019年、DU BOOKS）

よく考えたら確かに妙だ。女子との接点が皆無だった男子校時代に、私はなぜあんなにもミソジニーをこじらせていたのか。女子のことなどほとんど知らないに等しかったし、蔑ろにされたという被害者意識に関しても、単に女子から相手にされなかったというだけで、直接ひどい扱いを受けたわけではない。今ならわかる。あれは多分、男同士の関係のなかで育まれたものだった。恋人がいる男友達に嫉妬していたのが実態なのに、それをストレートに認めることができず、「どうせ女子はイケメンが好きなんだろ」というねじ曲がった形で発露させていた。モテない男同士でそういう会話をするのは楽しかったし、逆に女子を神格化し、理想や妄想を語り合うことも楽しかった。そうやって女性を媒介に連帯を確かめ合うのは「ホモソーシャル」の典型的な風景だが、振り返るとそこは決して居心地のいい場所ではなかった。いつもうっすら競争意識が働いていて、互いに何かと比較し合い、「寒いやつ」と思われるのが怖くてノリやイジリを拒否できず、合コンのような場でも男友達の目を意識してしまい、女子とのコミュニケーションもうまくいかないことが多かった。

男子のそういった振る舞いを『ボーイズ』は決して肯定しているわけではない。ミソジニーによって女性たちが実害を被っている現実があり、それはそれとして厳しく批判している。しかし、それを個人の問題にとどめず、社会的な視点から紐解いていこうという態度に貫かれており、私自身、当時の自分に対して「苦しかったでしょう」「あれはジェンダーの呪縛だったかもね」と声をかけてもらえたような気がして、読みながら癒やされる瞬間が多々あった。では、これからの自分はどうするか――。

メディアやSNSで頻繁にジェンダー問題がクローズアップされ、男性性の問い直しが盛んに論じられている今、かつて男の子だった私たちに課せられた責任は小さくない。自分自身と向き合って内面の言語化を進めるとともに、男らしさを全否定することなく、よい部分を活かしながら新しい男性性のあり方を個々人が模索していくことが大事ではないか。この本にも例えば、男の子たちが自己理解や自己開示の訓練を積むための授業や、スポーツの世界に蔓延する性差別やホモフォビア（同性愛嫌悪）をなくすためのコーチング、有害ではない形の男性性を模索するための性教育プログラムなど、具体的な事例がたくさん紹介されている。大人になった俺たちにできることは何か。レイチェル・ギーザによる壮大な思索の旅は、そのための大きなヒントとなってくれるはずだ。

学習による最適解か、だだ漏れの内面か
――マジョリティ男性の奇妙な自分語り

〝ハイスペ男子〟の言動に宿る奇妙な手触り

ジェンダーの問題を考えるためには、いったん自己の内面を見つめてみる必要がある。そこにある感情や感覚、動機や欲望などを、可能な限り素直に言語化することが大事だと思う。自分の内面には社会や文化のいろいろが流れ込んでいる。ジェンダー観というものはおそらく、それらが渾然一体となって、あるいは複雑に絡まり合って形成されており、それがシナリオのように、エンジンのように、プロトコルのように機能しながら我々の思考や行動を駆動させている。でもそれは外側から見えないため、簡単にごまかせてしまう。「本当はこうだったけど、ここではこう振る舞うのが正解だからこう言っておこう」みたいなことがいくらでもできてしまう。そうなると何も見えなくなる。だ

からこそ実感に即して内面を言語化していくことが大事で、それは男性性の問題を紐解く鍵になるだけでなく、私たち自身を楽にもさせてくれるものだと私は思う。

遠野遥の芥川賞受賞作『破局』は、主人公の陽介《ようすけ》が母校で部活のコーチをしたり、好意を向けてきた後輩女子とセックスしたり、元カノと肉体関係を持って恋人にフラれたりする様子を通じ、男性性と内面の言語化について考えさせてくれる小説だ（これだけ聞いてもまったくイメージできないと思うが……）。

陽介は慶應（と思しき）大学の法学部に通う4年生で、公務員試験を目指して日々勉強に励んでいる。高校時代に所属していたラグビー部に今は指導者として関わっていて、部員たちに厳しいトレーニングを課している。自らも筋トレやランニングを日課とし、その肉体は監督から「そんなに鍛えてどうするんだ？」と驚かれるほど引き締まっている。肉とセックスを好み、恋人は途切れない。勉強や筋トレをサボることなく継続する精神力があり、常に冷静で理知的で、恋愛でも友人関係でも相手に気を遣いながら丁寧に接している。礼儀正しく、空気を読み、相手の話にしっかり耳を傾け、ものまねで恋人を笑わせたりもする。パッと見、コミュニケーション能力の高い〝ハイスペ男子〟に分類されそうな人物像だ。

しかし、一人称の独白形式でつづられていく彼の語りを追っていると、しばしば奇妙な感覚に襲われる。不穏な気持ちになってくる、という言い方のほうが近いかもしれない。陽介は基本的に常識的な行動しか取らないし、思考回路も極めてロジカルだ。そんなハイスペ男子の語りに宿る不思議な手触りの正体は、一体なんなのか。

例えばこんなシーンがある。陽介は途中、元いた彼女と別れ、大学の後輩である灯《あかり》という女性と付き合い始めるのだが、恋人として北海道へ初めての旅行に行った際、少し冷えてきたからと陽介は灯に温かい飲み物を買おうとする。ところが近くの自販機には冷たい飲み物しか入っておらず、そのことを残念に思って唐突に涙を流し始める。

なにやら、悲しくて仕方がなかった。しかし、彼女に飲み物を買ってやれなかったくらいで、成人した男が泣き出すのはおかしい。私は自動販売機の前でわけもわからず涙を流し続け、やがてひとつの仮説に辿りついた。それはもしかしたら私が、いつからなのかは見当もつかないけれど、ずっと前から悲しかったのではないかという仮説だ。だが、これも正しくないように思えた。私には灯がいた。灯がまだいなかったときは麻衣子《まいこ》がいたし、その前だって、アオイだとかミサキだとかユミコだとか、とにかく別の女がいて、みんな私によくしてくれた。その上、私は自分が稼いだわけではない金で私立のいい大学に通い、筋肉の鎧に覆われた健康な肉体を持っていた。悲しむ理由がなかった。悲しむ理由がないということはつまり、悲しくなどないということだ。

わけもわからず流れ出た涙に対し、その理由や背景を探ろうとする。これは「感情の言語化」と呼ばれる営みで、自分の状態を把握したり、他者と意思疎通を図ったりするために、多かれ少なかれ誰もが感じたことを言葉にしながら生きているはずだ。社会的に「普通」「定型」「一般的」と目されるコミュニケーションのメカニズムをマイノリティの目線から分析した『ソーシャル・マジョリティ研究』（綾屋紗月ほか＝著、2018年、金子書房）という本によれば、感情の言語化とは「できごとに感応する身体的把握」と「社会的文脈にもとづく言語的理解」のふたつが結びついたときに成立するものだという。まず身体になんらかの反応（＝動悸がする、お腹がキューッとなる、手が震えるなど）が起き、その意味（＝好き、緊張、怒りなど）を事後的に探していく。そのようなプロセスで行われるのが感情の言語化だ。

先に引用したシーンで言えば、先行してなんらかの出来事があり、それに対する身体反応として涙が流れている。そして原因や文脈を鑑みた上で、涙の意味を言語化していくという作業が最初は行われていた……はずなのだが、途中から微妙なズレが生じる。涙の理由を「ずっと前から悲しかったのではないか」と推測するところまではすんなり共感できるのだが、そこからなぜか、自分がいかに恵まれた人生を歩んでいるかに思いを馳せ、しまいには「悲しむ理由がない」と言語的理解（＝意味づけ）をストップし、「悲しくないことがはっきりしたので、むしろ涙を流す前よりも晴れやかな気分だった」と一転ポジティブな感じになってしまう。

感情の言語化を試みているようでいて、まったく異なる行為をしているようにも見える。これは一体なんなのだろうか……。『破局』にはこういった引っかかりがそこかしこに埋め込まれているのだ。

世の中の〝ちゃんと〟をディープラーニング

引っかかりを感じるポイントはほかにもある。陽介はやたらと「正しさ」や「マナー」といったものにこだわる傾向にあるのだが、それらが作品のアクセントになっている。まだ未成年の灯にお酒を飲ませるのは「法律で禁止されて」いるからよくないことだと考え、「女性には優しくしろ」という亡き父の教えを忠実に守っている。彼氏である以上、恋人の誕生日には何かをしてあげたいと思うのが当然だと考え、恋人が求めてくる限りセックスには完璧に応じなくてはならないと思っている。セックス好きを自認しているが、性的同意を重んじており、決して強引なことはしない。相手から笑顔を期待されているとわかれば「笑うのが礼儀」だと考えているし、ラグビー部のコーチとして非情なまでに部員たちに苦しい練習を課すのも、「チームを創部以来初の準決勝進出」に導くことが自分の役割なのだから当然という考えでやっている。

このように、陽介は極めて「ちゃんとした人」だ。しかし、その〝ちゃんと〟はどこかＡＩ的というか、世の中の〝ちゃんと〟をディープラーニングのように学習した結果として導き出されたもの……とでも言うべき妙な手触りが宿っている。

確かに陽介は、灯と濃厚なセックスをしたり、部員たちに熱心な指導を行ったりしている。相手にも「前向きな態度」や「厳し過ぎるコーチ」と映っている。しかし、その内面には感情や情緒といったものが奇妙なほど希薄で、それが不穏な空気感につながっている。対人関係や社会活動など、表面に立ち現れる発言や行動は極めて常識的で、特におかしなところは見当たらない。しかし、思考や感情といった内面をのぞいてみると、途端に「役割」や「規範」といったプロトコルに則って行動しているだけの無機質な男性に見えてくる——。これが私の抱いた陽介の奇妙さの正体であり、この小説の魅力ではないかと考えている（それが最後、文字通り〝破局〟を迎えるところがさらなるポイントなのだが、そこはぜひ本作で確かめてみてほしい）。
しかし、これが奇妙な男の生態を描いた小説なのかというと、おそらくそうではない。最初は私もそう感じていたのだが、徐々にその印象は変化していった。本作では展開されている場面とまったく脈絡なく、あるいは流れている会話の文脈と一切関係なく、陽介の性的な妄想や観察が唐突にカットインしてくる箇所が多々ある。例えば陽介は物語の序盤、友人が出演するお笑いサークルのライブを観に行くのだが、開演間際に入場したため席を選ぶ余地がなく、両脇を女性に挟まれた席に座ることになる。そしてそこでこのようなことを思う。

左の女は長いスカートを穿き、携帯電話に「豚野郎」と蛍光で大きく書かれたシールを貼っていた。右の女はショートパンツを穿き、脚を露出させていた。席と席が近いことにかこつけて、私はこの女にわざと脚をぶつけようとした。が、自分が公務員試験を受けようとしていることを思ってやめた。公務員を志す人間が、そのような卑劣な行為に及ぶべきではなかった。そのかわりに、椅子の位置を念入りに確かめるふりをしながら彼女の脚を盗み見た。教室は既に、舞台の上を除いて照明が落とされていた。それでも、彼女の脚がとても白いことがわかった。顔も見たかったけれど、彼女は下を向いてチラシを読んでいたから、髪に隠れてよく見えなかった。随分集中しているようだから、脚は見やすかった。私は昔から、座った女の餅のように伸びたふとももを見るのが好きだった。

（以上、遠野遥『破局』２０２０年、河出書房新社）

こういった行為は「視姦」や「性的消費」と呼ばれるもので、女性をモノのように見なすミソジニー的な感覚から生まれるものだ。「公務員を志す人間が、そのような卑劣な行為に及ぶべきではなかった」などともっともらしいことを述べているが、言ってしまえば痴漢のような思考回路である。しかもこれは一例に過ぎず、お笑いのライブを観ているときも演者の女性に性的なまなざしを向けているし、公務員として働く先輩と飲みながら仕事の話を聞いているときも、目では女性店員のボディラインを細かく観察している。

全体的に無機質で情緒に乏しい印象の陽介だが、「性的興奮」と「怒り」というふたつには、強い感情をはっきりと読み取ることができる。ここだけはコントロールが利かず、内側から湧き起こる衝動によって突き動かされているような感じがある。こういった姿を見るにつけ、「陽介はむしろ〝マジョリティ男性〟的な特徴を先鋭化させたようなキャラクターなのではないか……」と思うようになっていった。「役割」や「規範」といったプロトコルに則って行動する、感情や情緒が見えづらい、ミソジニー的感覚が息づく性的消費、手触りのある感情が性的興奮と怒りくらいしかない——。こういった陽介の姿は、いわゆる「男性性」の特徴と大部分で重なるからだ。

通常、男性たちは自らの内面をなかなか開示してくれない。ましてや女性の身体に性的なまなざしを向けていることなど、「キモい」と思われるリスクがある以上、極めて限定的な場面（ホモソーシャルな空間など）以外では絶対に口にしないだろう。陽介はそういった部分までてらいなく言語化してしまう。男性たちが決して表に出そうとしない感情や思考まで、遠慮なく、思ったまま思ったタイミングで言葉にしてしまう点こそ、陽介の最も奇妙なところかもしれない。こんなふうにマジョリティ男性の内面をのぞける機会はそうそうない。

男性が思ったことや感じたことを言葉にしないのは、言語化という行為に慣れていないというのもあるだろうが、その根底に「恐怖」が存在していることが大きいのではないか。規範やマナーは外部に根拠を求めることができるが、感情や思考は自分自身が根拠になる。それを表明すれば相手に価値判断を下されてしまうし、責任も発生する。おそらくそれが恐いのだ。

だから場の空気や相手の顔色といったものを敏感に察知し、そこに漂う〝正解〟に自分の言葉を無意識でチューニングしてしまう。その言葉は感情や身体感覚と微妙にズレたものになり、本人にとってはストレスで、相手からしてもリアリティのある言葉に感じられない。男性たちの〝よくわからなさ〟の背景にはこういったメカニズムが働いているのではないか。私にとって『破局』は、世にも珍しい「マジョリティ男性による高解像度な自分語り」であるとともに、男性性に対する理解が深まるような、同時に〝よくわからなさ〟が増していくような、そんな奇妙な読書体験だった。

俺たちが「我は、おじさん」と宣言するために必要な覚悟と責任

「おばさん」という言葉にこびりつく偏見や固定観念

私は1980年の生まれで、もはや40代も中盤に差しかかり、すっかり立派な〝中年男性〟になってしまった。寝ても疲れが抜けない身体、どんどん進んでいく老眼、染めなければ白髪だらけの頭……。気づけば仕事相手はほとんど年下になり、大学では非常勤講師として自分の半分にも満たない年齢の学生たちに授業をしている。家には幼い双子がいるし、老いゆく両親の介護も年々リアリティを増していくばかりだ。私は昔から「おじさん」という存在がとにかく苦手で、拙著『おしゃべりから始める私たちのジェンダー入門』（2023年、朝日出版社）で「今も疼《うず》く〝嫌なおじさん〟のトラウマ」と題したエッセイを書いたこともあったが、自分が「おじさん」と呼ばれる年齢になっ

てしまったことは恐怖でしかない。でも、社会を支える中堅世代になっていることもまた事実で、大人として果たすべき責任とは何か、若い世代にどんな社会をつないでいけばよいのか、今なお模索と試行錯誤が続いている。そんな日々の中で出会い、大きな刺激と衝撃を受けたのが、岡田育『我は、おばさん』だ。

この本は、古今東西の作品を紐解きながら、「おばさん」という言葉にこびりつく偏見や固定観念をバリバリと引きはがしていく〝カルチャー・エッセイ〟だ。著者は私と同い年の文筆家で、これまでも女性の生き方をテーマにした著作を数多く書いてきた。本来であれば単に「中年の女性」を表すフラットな言葉であるはずなのに、呼称として用いることも当事者として自称することも忌避されてしまうのはなぜなのか……。そんな問いを元に、『82年生まれ、キム・ジヨン』(チョ・ナムジュ＝著、2018年、筑摩書房)に出てくる通りすがりの女性に、『更級日記』の作者へ大量の書物を贈った親戚の女性に、『違国日記』(ヤマシタトモコ＝作、2017年～2023年、祥伝社)で両親と死別した姪を引き取った叔母に、映画『マッドマックス 怒りのデス・ロード』(2015年)の〝鉄馬の女たち〟に、兼高かおるに、黒柳徹子に、後藤久美子に、阿佐ヶ谷姉妹に、〝学研のおばちゃん〟に、19世紀末の英国におけるガヴァネス(住み込みの女家庭教師)に――本当に多種多様な女性たちにスポットを当て、その生き様や境遇を丹念に描き出しながら「おばさん」に宿るニュアンスを書き換えていく。緻密にロジックを積み上げていく学術論文のようでありながら、大衆に向けた刺激的なアジテーションのようでもあり、とにかく熱量が凄まじい。それは著者自身が中年に差しかかった者として、覚悟を決めるために書きつづったテキストだからではないか。

おばさんとは、女として女のまま、みずからの加齢を引き受けた者。護《まも》られる側から護る側へ、与えられる側から与える側へと、一歩階段を上がった者。世代を超えて縦方向へ脈々と受け継がれるシスターフッド（女性同士の連帯）の中間地点に位置して、悪しき過去を断ち切り、次世代へ未来を紡ぐ力を授ける者である。カッコよくて頼もしくて、社会に必要とされ、みんなから憧れられる存在であっても全然おかしくない。それがどうしてこんなにネガティブな響きを持つようになってしまったのだろうか。少なくない女性が「呼ばれたくない」「なりたくない」と怯えるほどに。

モノを言えば疎《うと》ましがられてしまう。年齢を重ねただけなのに哀れな存在と見なされてしまう。子を産んでいないだけで生産性がないと言われてしまう。自由に生きているだけで怪しまれ、普通に働きたいだけなのに低く扱われ、物語で悪役や嫌われ役を押しつけられ、かと思えば成熟した女性として精神的なケアや「筆おろし」まで期待されたりもする。そんな現状に著者は中指を立て、おばさんは「非・おかあさん」として〈姪に鋭く光るナイフを手渡して親子の絆を斜めに断りつける〉こともできるし、自由で生き生きとした姿を見せることでエイジズムやルッキズムの呪いを解くこともできる。恋をしたっていいし、お金だって稼げるし、子育てしながら一国の首相を務めることだってできる。ああ、ここにいたんですね、そんなところにもいたんですね――と、様々な作品で出会ってきた素敵なおばさんたちを改めて訪ね歩きながら、連綿と続くシスターフッドから受けてきた恩恵を再確認し、善きものは残し、悪しきものは断ちながら「我は、おばさん」とひとつずつ覚悟を固めていく。

おばさんのアメちゃん、おじさんのアメちゃん

能力や経験値が帯びてしまう権力性や加害性をも十分に意識しながらバトンをつないでいこうとする著者の姿勢に、同世代としていたく感銘を受けた。正直、ラストで涙した。俺もこんな大人を目指したいと思った。しかし同時に、自分の置かれている立場が

まるで異なることを痛感させられた。私は〝マジョリティ男性〟の一員で、「おばさん」という言葉に偏見やレッテルを押しつけてきたこの男性優位社会から、有形無形の恩恵を受けてきた部分が多分にある。いくら著者にならって「我は、おじさん」と宣言しようとしたところで、それはジェンダーの非対称性を無視した文化の盗用にしかならない。

では、どうすればいいか。本書では狭いイメージに押し込められていた「おばさん」像の拡張が試みられた。これを読みながら思ったのは、自分は「おじさん」に正反対のものを感じていたかもしれない、ということだ。著者も指摘しているが、昔からオルタナティブなおじさん像は多様だった。独身のまま自由に生きているおじさん、定職に就かずふらふらしているおじさん。無責任なことばっかり言ってるおじさんもいたし、〝永遠の少年〟としてみなから好かれるおじさんもいた。知り合いにもメディアの中にもロールモデルとなる中年男性はたくさんいて、実際に憧れなんかも抱いていた。

しかし大人になり、とりわけジェンダーの問題に興味を持つようになってからは、多様に見えていたおじさん像がどんどん画一的に感じられるようになった。偉いおじさんも、偉くないおじさんも、優しいおじさんも、反権力のおじさんも、ひと皮むけばホモソーシャル的で、女性蔑視なところがあり、家事や育児をほとんどしない。職種も地位も思想信条もばらばらなはずなのに、判で押したような言動を見せるのはなぜなのか……そんな疑問を持つようになった。もしも本書のようなアプローチで「おじさん」像の書き換えを試みるならば、おそらく、物語の中に描かれている姿ではなく、描かれていない姿や語られていない部分にこそ目を向けていかないと成立しないはずだ。

　私だって子供の頃は、いつでも「下心」ドリヴンで「永遠の少年」を名乗って生きていられたらいいなと思っていた。けれどもそろそろ真の「大人」になるべき時が来ていて、それは、自分より若い世代と付き合うときに「下心」を手放すことと同義ではないかと考えている。自分の内なる「下心」に取り込まれないよう、うまく切り離していきたい。そうした願いから、おばさんとは「見返りを求めない」存在である、としつこく定義するのだ。だが、あながち無根拠とも思っていない。放っておくと上世代がいくらでも下世代を搾取する構造に陥ってしまうこの社会で、ギブ&テイクのバランスを保つために、おばさんたちは、アメちゃんを配るのだから。

（以上、岡田育『我は、おばさん』２０２１年、集英社）

　この社会でおじさんを見つけることは容易い。仕事の現場にも、政治の世界にも、メディアのなかにも、活躍しているおじさんはたくさんいる。地位や立場を与えられ、周囲から様々にお膳立てされ、持てる力をいかんなく発揮しているおじさんは確かにすごい人のように映る。しかしそれは家父長制的な構造の下支えがあってのことで、そこには無数の搾取が存在しているかもしれない。「護る側」のようでいて実は「護られる側」だったり、「与える側」のような顔をしているけど実は「与えられる側」だったりすることもざらにある。構造的な特権性に無自覚なまま、あるいは目を向けないまま、しれっと恩恵や優遇を得ようとすること、さらにそれらを自分の力で得たもののように思い込んでしまうことこそ、著者が何度も繰り返している「下心」というものではないか。

そのことを肝に銘じないと、俺たちはいとも簡単に〝嫌なおじさん〟と化してしまう。自分自身について省みず、他者の傷や痛みもいまいち想像できず、社会のことより身内の利益ばかりを優先する。加害には鈍感だけど被害には敏感で、偉そうにしているけど実はさみしくて、不安だけど助けを求められなくて、孤独を、しんどさを、ストレスを、そうとは把握できないまま変な形で発露してしまう……。男性優位な社会構造に乗っかったままだと、行き着く先はそんなおじさん像だったりするかもしれない。

我は、おじさん――。俺たちが胸を張ってそう宣言できるようになるため、この本から学ぶべきことはたくさんある。著者は〝アメちゃん〟を〈相互扶助、コミュニティ形成、社会性の象徴〉と定義しているが、それは〈会話のいとぐち〉として機能し、〈引き離された人と人の間に、橋を架ける〉こともあれば、ときに〈余計なお世話〉に思われながら、〈他者を頼りやすい空気〉を作ったりもする。〈ワンタイムの気まぐれな贈与〉であり、〈赤字覚悟のサービス精神〉でもあるおばさんたちのアメちゃんは、〈いつも心に「見返りを求めない」ギフトの精神〉を宿しながら、〈女たちの連帯の歴史〉を支えてきた。では、おじさんたちにとってのそれはなんだろうか。いきなりアメちゃんを渡したらびっくりされるかもしれない。怖がられたり、気持ち悪がられたりする可能性だって全然あり得る。悲しいかな我々がそういう土壌の上に立っていることを念頭に置きながら、自分たちなりのアメちゃんを模索していくしかないだろう。例えば相手の話にじっくり耳を傾けること、適切な距離を取ること、口を出さず黙って見守ること、知らないことを学ぶこと、男性特権の実態を言語化してみること、既得権益を手放してみること、制度や風習におかしなところがあったら率先して抗ってみること、負の連鎖を食い止めるよう声を上げること、男同士でケアを交換し合えるようになること……など、中には間接的で、一見何もしていないように感じられるものもあるが、「おじさん」という存在に付与されてしまっている諸々を思うと、それこそが有用なアメちゃんになり得るケースだって十分にある。そうやってイメージと実態を少しずつ書き換えていくことができれば、俺たちにも自信を持って「おじさん」と名乗れる日がくるはずだ。

3

被害と加害と恥と傷——泣いてる〈俺〉を抱きしめて

被害者はこのような〝時間〟を生きている

19歳の冬、駅のホームで4人組の男に「金を出せ」と絡まれたことがあった。周囲には人がたくさんいたので、最悪誰かに助けてもらえるだろうと考えて男たちの要求を無視したところ、いきなり身体を押さえつけられ、殴る蹴るの暴行を受けた。なんとか改札口まで走って逃げ、駅員さんに助けを求めたが、男たちはすでに電車に乗って立ち去っていた。膝蹴りを食らった顔面はひどく腫れ上がり、そのまま救急車で病院に運ばれた。鼻の骨が折れていて、完治するまで2か月くらいかかった。

ク・ジョンイン『秘密を語る時間』(呉永雅＝訳、2021年、柏書房)は、幼少期に見知らぬ男性から性暴力に遭い、その傷と記憶に苦しみ続けている女子中学生・ウンソの日常を描いた韓国の漫画作品だ。シンプルな線で描かれた絵がとてもかわいらしく、どこかほのぼのした雰囲気も漂う作品だが、その内容はとても重い。

物語はある休日の何気ないシーンから始まる。友人たちと買い物に出かけたウンソは、電車の中で談笑しているとき、後ろを通りかかった男にお尻を触られてしまう。それは一緒にいた友達すら気づかないあっという間の出来事だったが、この痴漢被害がきっかけであるトラウマが呼び起こされる。

そんな第1話のタイトルは「日曜日」で、以降「月曜日」「火曜日」「水曜日」「木曜日」「金曜日」「土曜日」「日曜日・午前」「日曜日・午後」と続く。つまりこの物語はウンソが過ごしたある1週間の出来事を描いた作品なのだが、タイトルが『秘密を語る時間』であることからもわかるように、性暴力の被害者であるウンソがどのような〝時間〟を生きているのかが体感できるような構成になっている。

ウンソは最初、子どもの頃に遭った性被害のことを誰にも言えないでいる。深い深い傷が残り、加害者を殺したいほど憎んでいるものの、それが誰だったのかはわからないままだ。その圧倒的に理不尽な記憶は何度も何度も脳内で再生され、自分を責め、親を恨み、友人たちとの間に距離を感じ……と、今なおウンソを苦しめ続けている。

しかしウンソはその記憶の中でだけ生きているわけではない。学校に行き、友達と談笑し、ご飯を食べ、勉強し、部屋でゴロゴロする時間ももちろんある。進路に悩んだり、友人たちと自撮りなんかもしたりする。そういう時間のなかにほの暗い記憶がじわじわ侵食してくる様子が淡々と描かれていて、性暴力が日常や人間関係、自尊心や社会に対する信頼をズタズタに切り裂くものであることをひたすら痛感させられる。傷やトラウマと呼ばれるものは決して一過性のものではなく、このような時間を延々と生き続けることなのだと、改めて思う。

振り返ると、私は長い間あの一件を〝被害〟と認識することができなかった。眼球まわりの骨にもヒビが入っていて、腫れが引くまで失明の恐怖に怯えていたほどの大怪我だったにもかかわらず、私はそれを自虐的な笑い話として周囲に伝えていた。

そこにはおそらくジェンダーの呪縛が関与している。ボコボコにされた記憶を直視することは自分を弱くみじめな男だと認識することと同義で、だからわざわざオチをつけ、笑い話に変換することで傷から目をそらしていたのだと、今は思う。当時一緒に浪人していた仲間たちがお見舞いに来てくれたのだが、腫れ上がった顔で「カツアゲで5000円を出し渋ったら殴られて救急車で運ばれ、結果的に病院代で25000円を払うハメになってさ〜(笑)」と話す私に対し、彼らは明らかにリアクションに困っていた。

ウンソは今、どんな気持ちで生きているのだろうか。乗り越えている部分もあるだろうし、いまだにしんどさがよみがえる瞬間もあるかもしれない。彼女と私が体験した被害は別種のもので、安易に同一視してしまうのはよくないが、こちらの意思など完全無視で身体をモノのように扱われてしまったこと、おそらく加害者たちの動機は驚くほど軽かったであろうこと、妄想の中で何度も加害者を殺していること、何もできなかった自分を責め続けてしまうこと、助けてくれなかった人たちを無用に恨んでしまうこと、被害の現場に似た場所を通ると動悸がすること――など、漫画に描かれていない膨大な時間も含め、いろいろ自分と重ね合わせながら読み入ってしまった。

物語の最終話は「ある平凡な火曜日」となっている。ウンソの日常は続いていくし、私の日常も続いている。母親なのか友達なのか、はたまた未来の自分なのか、本書の表紙には鏡の中で誰かに抱きしめられているウンソの姿が描かれているが、私も暴力被害に遭ったあのときの自分を、まずは自分自身で抱きしめてあげたいと強く思った。

「動揺したくない」私たちが、これ以上被害を傍観しないために

「なかったこと」にされ続けてきた男性の性暴力被害

例えばここに性暴力を受けてしまった男性がいたとして、その被害の実態はどのようなものなのか……。旧ジャニーズ事務所の問題を筆頭に、昨今メディアで男児や男性の性暴力被害が報じられる機会は増えたが、被害者の身に何が起きているのか、この社会に生きる私たちはおそらくほとんどわかっていない。そんな問題に「研究」「支援」という異なるアプローチで関わるふたりの著者が、それぞれの知見を持ち寄りながら被害の実態や影響を包括的に論じたのが宮﨑浩一・西岡真由美『男性の性暴力被害』だ。

タイトルにあえて〝男性の〟とついているのは、性暴力被害に遭うのは女性が圧倒的多数という現実があり、社会の人々も、メディアも、法律も、加害者も、近親者も、被

害者本人でさえも、性暴力を受ける側として男性を位置づけておらず、その被害がずっと「なかったこと」にされてきた歴史があるからだ（例えば2017年の刑法改正まで、男性は法律の上で挿入を伴う性犯罪の被害者として扱われておらず、国や警察の統計にもほとんど反映されていなかった）。

女性の性暴力被害は今なお発生し続けており、男性は加害者であるケースがほとんどだ。しかし、男性も性暴力の被害に遭うことは否定しようのない事実であり、それを見えづらいものにしてしまうことは加害者を利する状況にもつながっていく。だから男性の性暴力被害の実態を明らかにすることが重要だし、それは決して女性の被害を矮小化するものではない——と、繰り返し留意しながら丁寧に議論を積み上げ、性暴力の背後にある社会構造にメスを入れていくのがこの本の特徴だ。

では、男性が性暴力被害に遭ったとき、当事者の中ではどのようなことが経験されているのか。本書の様々な事例を読むと、そのリアリティの一端が痛切に立ち上がってくる。あれは一体なんだったのか。なぜ逃げられなかったのか。相手は単に戯れていただけで、自分が気にしすぎているだけかもしれない。そもそも俺だって勃起し、射精までしてたわけで、もしや自ら望んでたってこと？　誰にも言えないし、言っても真に受けてもらえなそうだし、それどころかドン引きされる可能性だってある。情けない、自分が気持ち悪い、誰にも頼れない……。そうだ、あれは純粋な性行為であって、別に大したことじゃなかったんだ。いつまでもくよくよしてないで、強くならなくちゃ――。

被害者は激しく混乱し、自分の身に起きた出来事を「被害」と認識することすらままならない状態に陥っていくという。加害者との関係に立場や権力が絡んでいるケースや、被害者が未成年の男児であるケース、加害者が女性であるケースなども少なからず存在し、「俺を〝男〟にしてくれた恩人なのだ」「自分のことを愛してくれていたからだ」「むしろ自分が加害者ではないか……」など、混乱はさらに複雑化していく。こういった感覚を加害者も巧みに利用し、「逃げなかったじゃないか」「射精してたし、相手も望んでいたのだ」などと自らの行為を正当化する。さらに第三者も「遊びやいたずらの延長だったのでは?」「あの人が本当にそんなことするのかな?」などと思考停止してしまったりする。被害者は「被害」と認識できず、加害者も「加害」という意識を持たない。支援や司法につながれず、第三者は傍観的で、メディアもまったく取り上げない……。こうして社会の死角のような、エアポケットのような、ブラックボックスのような地帯と化して「なかったこと」にされ続けてきたのが男性の性暴力被害の実態なのだ。

変わるのは時代ではなく「人」

本書は、この問題に「ジェンダー」の視点から切り込んでいく。被害と加害、傍観や否定の背後に、男性規範や男らしさの呪縛、ミソジニーや同性愛嫌悪といったものが複雑に絡んでいることを、豊富な事例や統計を参照しながら解き明かしていく。例えば「男は強くあれ」といった規範意識は、「被害に遭うなんて情けない」「襲われたのは弱かったからだ」という方向に思考や感覚を導いていく。また、「被害がバレたら偏見の目に晒される」という恐怖には、同性愛を〝正常ではないもの〟として位置づけるこの社会の同性愛嫌悪が関与している可能性が高い。

男性だって性暴力被害に遭えば、ＰＴＳＤ（心的外傷後ストレス障害）を発症したり、うつや恥辱感に苦しめられたり、人間関係の形成に困難を抱えたり、依存や自傷行為が止められなくなったりと、様々な苦しみに苛《さいな》まれる。にもかかわらず、他者から、社会から、そして自分自身からすらも手当てがなされない状態は、想像するに地獄だ。この問題をジェンダーの視点から捉え直すことは、ブラックボックスの中に様々な角度から光を当て、そこに働くメカニズムを解明し、被害を「被害」として、加害を「加害」として位置づけ直すためのファーストステップなのだ。

加害者がいなければ被害は生まれないし、性暴力に遭ったことと性的志向はなんの関係もない。勃起や射精は単なる生理的反応に過ぎず、それが起きたからといって望んでいたことにも喜んでいたことにもならない。恐怖やショックで心身がフリーズしてしまうことは誰にだってあるし、身に起きた出来事を言語化するためには相当な時間がかかるものだし、罪悪感や恥辱感を煽って被害者に自責の念を植えつけるのは加害者の常套手段なのだ——と、一つひとつ丁寧に解き明かしていく本書が出版されたことの意味は大きい。性差別やセクハラの話題で「社会が変わった」「今はよしとされる時代じゃない」といった表現がしばしば用いられるが、それはより具体的に言えば、「そのような言動を指し示す言葉が生まれ、人々に浸透した」「ダメなことだという認識を持つ人が多数派になった」ということなのだと思う。つまり変わるのは時代ではなく「人」であり、問いを突きつけられているのはまぎれもなく私たちということになる。

この本を読んで、私の脳裏にも様々な体験がよみがえった。銭湯で年上のお兄さんたちから無理やりちんちんの皮を剥かれたこと。男子校で肛門にマジックを挿入する罰ゲームが流行ったこと。仕事の打ち上げで先輩たちから全裸になれと強要されたこと。合コンで悪ノリして男友達の性癖をバラしてしまったこと。どれも集団で、遊びや戯れのような空気のなかで行われていたものだ。する側にもされる側にもなったことがあるが、相手に対する想像力も、自分の内側に生じていた恐怖も、正直どこかで蓋をしていた。

ましてやそこに「加害」や「被害」といった意識は皆無だった。

男性の性暴力被害が「なかったこと」にされてきた歴史は、こういった思考や感覚ともおそらく無関係ではない。「人類史上最悪の性虐待」とも称される一件のことをみんな噂レベルでは知っていたのに、それを長きにわたって放置し続けてしまったこの社会は、認めるのはとても苦しいが、私たち自身の写し鏡でもあるのだ。

そしてこの状況は男性中心的な社会にとっても「得」です。なぜなら既存の秩序や構造を維持できるからです。被害者には黙ってもらい、男性の被害というものが存在しないことにしておけば、男性らしさの規範は延命することができます。それによって女性やマイノリティを差別し続けて、構造的な特権を一部の男性に与え続けることができます。そしてそれは、この社会に生きる加害者・被害者以外の第三者の人たちが動揺せずに暮らしていけることにもつながります。

（宮﨑浩一、西岡真由美『男性の性暴力被害』２０２３年、集英社新書）

ここで使われている「動揺」という言葉の意味は重い。というのも、性暴力被害の実態を知ろうとしないこと、その内実を矮小化してしまうこと、被害者に自己責任を求めようとすることは、つまるところ「動揺したくないから」だと指摘されているからだ。自分の心がかき乱されないこと、自分の価値観が揺るがされないこと、自分の思考に負荷をかけないことを優先したいがあまり、誰かの人権や尊厳が踏みにじられ、生活や人間関係に深刻な影響を及ぼすほどの傷を負わされ、その加害者も罰せられることなく暮らしていけてしまうような問題を巧妙にスルーしているのがマジョリティ男性の実態だとしたら……なんとも恐ろしい話に思えてこないだろうか？

もちろん私自身にとっても無関係ではいられない問題で、ギクッとする。こういう感覚に身に覚えがないとはどうやっても言い切れない。意識的に黙殺しているつもりはなかったとしても、「そういうものでしょ」とか「そんなわけないだろう」とか「知らなかった」とか「考えたこともなかった」とか、そういう無意識レベルの感覚や思考が積もりに積もった結果として出現するのが傍観的態度というものだ。はたして私たちはこのままでいいのだろうか。社会とは個人の集合体だ。蔓延した小さな無関心によって加害と被害を放置し続ける社会と、折り重なった小さな声によって加害と被害を減らしていける社会、どちらがよいかと言ったら絶対後者に決まってる。そのためにも、知って、学んで、考えて、まずは大いに動揺してみるほかない。

射精にまつわる男性の責任と、その根底に息づく弱々しくてほの暗い感情

説得的かつ啓発的に書かれた〝性教育のハンドブック〟

俺たちの〝おちんちん〟は甘やかされすぎている――。そう痛感せざるを得ない読書体験だった。折れないよう、萎えないよう、縮こまらないよう、社会全体でヨショシとあやし、「わかるよ」「仕方ないよ」「そういうものだもんな」と、不都合なことは考えず気持ちよく射精できるような風潮や仕組みがすっかり出来上がっている。

２０２３年の話題書となった『射精責任』は、そのインパクトしかないタイトルもあって発売前からＳＮＳで大きなバズを生み出した一冊だ。刊行直後に手にする機会を得たが、一読して意外な印象を持った。例えば未成年の少女がトイレで出産をして死体遺棄の罪に問われたり、ワンオペ育児で追いつめられた母親が子どもを虐待死させてしま

ったり……そういったニュースが世間を騒がせるたび、「父親はどこに行ったんだ」「男親にも罪はあるだろ」という声が一定数わき起こる。読む前は、そういった事例を紹介しながら妊娠や子育てをめぐる男性の責任について再考していく本なのかなと勝手に想像していたが、その内容は思い描いていたものと少し違っていた。

デザインこそド派手だが、本書は極めて説得的かつ啓発的に書かれた〝性教育のハンドブック〟とでも言うべきおもむきだ。主として異性愛者かつシスジェンダーという〝マジョリティ男性〟に向けて書かれており、生殖のメカニズムや避妊のハウツー、中絶をめぐる社会状況や妊娠・出産におけるジェンダー格差など、28個の提言が学説や統計に依拠しながらわかりやすく展開されていく。

そこで語られるメッセージは実直にしてとてもシンプルだ。いわく、望まない妊娠の原因はすべて男性にある、女性の膣内に精子を放出しなければ妊娠は起こらない、だから男性は（双方が妊娠を望んでいる場合でない限り）絶対に避妊をするべきだ——という主張に本書は貫かれている。

この本はアメリカで書かれたもので、背景にはアメリカ社会を二分する〝中絶論争〟がある。それは胎児の生きる権利を主張し、中絶を認めない立場の「プロライフ」派と、女性が自らの生き方を選択する権利を重視し、中絶に賛成の「プロチョイス」派による争いで、これは大統領選挙における重大な論点（保守的な共和党がプロライフ寄り、リベラルな民主党がプロチョイス寄り）のひとつにもなっている。

その概要は『射精責任』巻末にある解説に詳しくまとまっているのでぜひ参照してもらえたらと思うが、〈妊娠中絶の99％が望まない妊娠が原因〉というなかにあって、胎児の生命と女性の選択ばかりに議論が偏っている状況はどう考えてもおかしい。真に追及すべきは、望まない妊娠の原因を作り出している男性の射精をめぐる責任ではないか——と、現状の中絶論争を根本から問い直そうという情熱（怒り？）に満ちている。中絶手術がどんどんアクセスしづらいものになっているアメリカにおいて、これは極めて切実な提言なのだ。

では、中絶が（一応は）認められている日本の場合はどうだろうか。アメリカに比べれば中絶という選択肢にアクセスしやすい社会であることは確かかもしれないが、だからといって他人事でいられる問題ではもちろんない。厚生労働省が発表している「衛生行政報告例」によれば、2021年度の人工妊娠中絶件数は12万6174件となっており、その原因のすべてではないにしても、望まない妊娠が毎年かなりの数発生しているであろうことは容易にうかがえる。

私が桃山商事の活動を通じて見聞きしてきたエピソードにも、性交相手が避妊をしてくれないことに悩む女性の声が少なからず存在した。威圧的な態度に気押《けお》されてゴムなしセックスに持ち込まれてしまった人もいたし、性行為の最中にこっそりコンドームを外す「ステルシング」の被害に遭った人もいた。アダルトビデオの世界では「ナマ中出し（男優が避妊具をせずに膣内射精すること）」というものが人気のジャンルになっているし、違法な売買春の現場ではゴムなしの挿入行為が高値で取り引きされている。

生理が遅れていると告げた直後に連絡が取れなくなった彼氏の話は何度も聞いたし、妊娠発覚後に中絶費用として10万円を手渡し、「これで責任は果たしたからね」という最低の言葉を残して去っていった男性もいた。世間でもそういう事例が〝あるある〟のように存在しているにもかかわらず、性感染症にかかった場合も、望まない妊娠が起こった場合も、その対応や責任を求められるのはほとんど女性だ。孤立出産による死体遺棄の事件で父親が罪に問われることはまずないし、「なぜ避妊させなかったのか」「なぜそんな男と関係を持ったのだ」と女性ばかりが責め立てられる風潮もいまだに根強い。かと言って緊急避妊薬などの対応策がきちんと整備されているわけでもないし、それらを未然に防ぐための性教育なども十分に行われているとは到底言い難い。この理不尽に満ちた状況を思うと、本書の提言がますます重く響いてくる。

そこで改めて思う。性行為の際にコンドームをつけることは、そもそもそんなに難しいことなのだろうか。「男性は避妊をすべし」というメッセージ自体は極めてシンプルなものなのに、なぜこうして書籍一冊分の言葉を費やして訴えられなければならなかったのだろうか?

「許されたい」「受け入れて欲しい」という感情

本書の原題は「Ejaculate Responsibly（責任を持って射精せよ）」となっているが、この「Responsibly」について考えてみるとその意味がよりクリアに見えてくる。言葉の成り立ちをたどると、「response（反応・応答）」＋「able（できる）」の副詞形ということで、「応答することができる」が責任の本質的な意味となる。射精の結果として発生し得る諸々にresponseすることができるのか――『射精責任』が突きつけているのはそのような問いではないか。

生殖のメカニズムはどうなっているのか、男性の生殖能力はどの程度なのか、膣内に放出された精子の生存期間はどのくらいなのか、妊娠が女性の身体やキャリアにどんなリスクをもたらすのか、避妊の難易度は男女でどれだけ差があるのか……そういうことを本当に理解した上で射精してきたのかと問われたとき、胸を張ってイエスと答えられる男性はどれだけいるだろうか。

この本を読むと、避妊をしないことがいかに無責任な行為であるかを痛感させられる。「気持ちよくない」とか「面倒くさい」とか、「持ち合わせていない」とか「ムードが壊れる」とか、「相手がＯＫした」とか「外に出せば大丈夫」とか、いかなる理由をもっても正当化し得ないことが身に染みてわかる。それなのにコンドームひとつ着用するだけのことを怠ってしまえるのは、男性たちが無知のままでいられる社会構造があり、それに男性たちがあぐらをかいてきた現実があるからだ。射精をめぐる意識の変革と知識の伝授を目的に書かれた本書は、男性の性欲を何かと甘やかす社会の構造に揺さぶりをかけていく。それを我々は、男性当事者としてどう受け止めていくべきか。


この話題について話すときはいつも、こんな反応があります。「男性にコンドームを着用するよう頼むこと。彼がコンドームの着用を拒むのであれば、セックスを拒否すること。女性がするのはそれだけ」。すごく簡単なことみたいに言うよね！　問題解決です。でも、解決してませんから。

コンドームなしのセックスを女性が拒否できるのは本当です。世界中で、毎日、多くの女性がコンドームを着用することを主張していることもわかっています。でも同時に、私はこう言いたいのです。なぜ女性が男性にコンドームの着用をお願いしなくちゃいけないんですか？　なぜ男性が自分自身でコンドームを用意して、リクエストなしで着用することが当たり前にならないんですか？

（ガブリエル・ブレア『射精責任』村井理子＝訳、齋藤圭介＝解説、２０２３年、太田出版）

思えば私も20代の頃、恋人と性行為をする際にコンドームの着用を怠ってしまったことが正直あった。それによって生じる恋人の不安や諸々のリスクなどを理解していたかと言えば全然そうではなく、浅はかで軽率で、「中に出さなければ大丈夫だろう」くらいの極めて甘い認識の上だったと言わざるを得ない。本当に無責任も甚だしい行為だったと、改めて思う。

ではなぜ、そんなことをしてしまったのか。もちろん無知や無理解という側面も大きかったはずだが、それと同時に「許されたい」とか「受け入れて欲しい」といった感情も深く関与していたように思う。私は思春期の頃から勃起した男性器やそこから出てくる精液にうっすらとした気持ち悪さを感じており、性的欲求を抱く存在としての自分をどこか肯定できずにいた。当時はっきりとそう自覚していたわけではなかったが、コンドームなしで挿入行為をしてしまった背景には、そんな自分を受け入れて欲しいという甘えや、相手に許してもらえたような安堵感、罪悪感や自己嫌悪から一時的に解放されるという幻想などが間違いなく関係していた。

この原稿を書くにあたり、数名の男性にも取材をさせてもらった。「恋人からコンドームの着用を迫られたとき、なぜか拒絶されたような気持ちになって落ち込んだ」という経験を話してくれた人もいれば、「ナマでさせてくれる＝俺の子どもを妊娠する覚悟があるという認識で、そのことに興奮していた」と語ってくれた人もいた。性風俗で自慰行為を見てもらうことが趣味の男性は、射精の瞬間になぜか「出るとこ見て！」と叫んでしまうと語っていたし、いわゆる「手コキ」と呼ばれる行為が大好きだという男性は、射精後に「いっぱい出たね」「すっごい飛んだね」と言って頭をなでてもらうことに無上の喜びを感じると語っていた。

射精やゴムなしセックスはしばしば「支配」や「征服」みたいな欲望とセットで語られる。勃起した性器の質感やビジュアル、挿入行為に伴うピストン運動、いかにも〝発射〟という言葉が似合う射精のイメージ、普通なら拒まれそうな行為を受け入れさせているような感じなどを考えると、そういう雄々しいイメージの欲望と結びつけて考えたくなるのもよくわかるし、実際にそういう側面も少なからずあるのだとは思う。でも、それだけでは説明し切れない、もっと弱々しくてほの暗い感情や感覚が根底に息づいているのではないかと、思えてならない。

それらは男性自身があまり認めたがらない類のもので、なかなか可視化されづらい。無責任な射精に伴う影響やリスクを理解することはもちろん、自分の中に存在する感情や欲望を理解することもまた、同じくらい大事なことではないか。これに関しては男性たちの声を集めながら引き続き考えてみたいが、いずれにせよ、男性にとって性欲とはどういうものなのか、そこに何を求め、どんな気持ちで射精しているのか、コンドームをつけたがらないマインドが存在するとしたら、それは一体何ゆえなのか――。射精にまつわる責任を主体的に担うためには、そういった諸々について言語化していく努力が不可欠だと思うし、何より男性自身にとって、自分の欲望を自分で取り扱えるようにしていくという意味で、それはセルフケアにもつながるものではないかと思うのだ。

恥は恥だが役に立つ？

――恥の個人史から考える恥の功罪

想起するだけで動悸がしてくる記憶

恥の多い生涯を送って来ました――。なんて書けるほど人生が文学的だったわけでは全然ないが、ふとした瞬間に「あーーーーーーー!!!」と叫びたくなる出来事はそれなりにあって、そういう記憶の蓋はできれば開けたくないなって正直思う。くだらない嘘、どうしようもない見栄、無邪気にしでかしてしまった差別。友達からハブられたこと、仕事仲間の面前で受けたパワハラ、カツアゲに遭ってタコ殴りにされたこと。SNSで炎上したことも、片想いしていた女子に自作の小説を渡したことも、好きな作家の文体をまんまパクって雑誌にコラムを寄稿したことも、どれも恥の感覚に満ちた記憶だ。想起するだけで動悸がしてくるし、これを書いている今だって胸が詰まり気味で呼吸が浅い。

私がこうしてエッセイの素材にするのは概ね「自分の話」で、体験談のようなエピソードだけでなく、何かを読んだり、誰かの話を聞いたりするなかで感じたことなんかも含まれる。また私は、桃山商事の一員としてPodcast配信などもやっているが、メンバーは長い付き合いの友人ばかりで、番組中、自分の中で忘却の彼方に追いやっていたようなエピソードをふいに持ち出される瞬間も少なくない。

嫌だなって思うし、とっさにごまかしたくもなるのだが、経験的には恥の成分が濃いエピソードのほうがおもしろさにつながることが多いと感じる。それは単に笑えるものになるというだけでなく、リアリティが宿ったり、考察が奥深くなったり、その人の本性が見えたり——有り体《あ　てい》に言えば「本質」とか「真実」とか「普遍」みたいなものに近づけるような感覚がある。ここでは私自身の「恥の個人史」を振り返りながら、私たちにとって恥とはなんなのかについて考えていけたらと思う。

とはいえ、恥の記憶に触れるのは決して容易なことではない。過去を振り返るときはいつも意識を当時に集中させ、「あのとき何があったっけ」「そのときどんな感じだったっけ」と出来事や気持ちをなるべくリアルに思い出そうと努めてみるのだが、ときおりそこに、白い靄《もや》がかかったような、あるいは進入禁止の看板が立てかけてあるような地帯が立ち現れたりする。「ここはタッチしたくないな」「この道は通りたくないな」と反射的に感じてしまうその地帯には、何かしら恥の感覚が絡んでいることが多い。無理して触れる必要はないし、毎回そうしているわけでもないのだが、「ここは避けて通れないかも……」と思わざるを得ない瞬間もままあって、そういうときは勇気を出して足を踏み入れてみる。それは例えばこのようなイメージだ。

拙著『さよなら、俺たち』には、大学時代に初めて性風俗を体験したときのエピソードが収録されている。男友達と授業をサボって暇していたある日、ふいに「風俗に行ってみない……？」という話が持ち上がり、30分5000円の割引券を握りしめて繁華街のファッションヘルスへ足を運んだ。待合室でやはり帰ろうかと迷うほど緊張していたが、順番が来て小部屋に入って、「服を脱いで」「シャワーを浴びて」「そこに寝て」と指示されるがまま動き、「ピピピピピピピ！」とタイマーが鳴ってあっけなく終わりを迎えた。それはベルトコンベアーの流れ作業を思わせるもので、期待とのギャップが大きかったためか、店を出た我々は謎の虚無感に襲われたのだった。

これはまあ、正直なんてことのないエピソードだと思う。向かいのカラオケ店からスピッツの『さわって・変わって』という曲が流れてきて、「このタイミングで聴くとなんか意味深だな」と話した記憶があり、最初はそれをオチにした笑い話としてまとめてみたのだが、違和感や物足りなさが残った。その原稿は2020年4月に起きたナインティナイン・岡村隆史による炎上発言をフックに「性風俗とは男性にとってどういう場所なのか」を考察する内容で、自分の体験談を単なるおもしろエピソードとして書いたところで何も見えてこない感覚があり、そこで触れざるを得ないと思ったのが恥の記憶だった。そして私はこのエピソードをつけ加えた。とても恥ずかしいが引用してみる。

　では、そんな自分自身はどうなのだろう。大学3年生のあの日、池袋で風俗を初体験した私は、終わったあとに言いようのない虚しさを抱いた。確かに気持ちは良かったが、担当女性とまったく会話が弾まなかった。「大学生なんです」と言っても「そうなんですねー（棒）」みたいな薄いリアクションが返ってくるばかりで、こちらにまったく興味を持ってくれない。（中略）「大学生なんです」と言った私は、「どこの大学なんですか？」と聞かれ、「早稲田です」と答えて「すごーい！」と言われる展開を期待していた。思い出すだけで死にたくなる。
　褒められたい、認められたい、ひとりの男性として興味を持ってもらいたいなど、30分5000円というサービスに射精以上のいろいろを期待し、それが叶わなかったことで発生した虚しさだったのではないかと、今は思う。厚かましい。実に厚かましいのだけど、それが当時の自分の偽らざる実態だ。

（清田隆之『さよなら、俺たち』2020年、スタンド・ブックス）

私は思春期の頃から〝普通コンプレックス〟とでも言うべきものをこじらせており、平凡で大衆的でなんの特長もない自分に自信を持てずにいた。そういうなかにあって、浪人時代の努力が実り、念願だった早稲田大学に合格したことがちっぽけな自尊心を支える最後の砦だった。私は当時、初対面の人と会うたびに〝早稲田匂わせ〟のような発言を繰り返し、自然と話題が学歴のほうへ向くよう誘導していた。自分から言うのではなく、あくまで「相手から聞かれて答える」というのが決定的に重要だった。今も書きながら赤面してくるくらいみみっちいし、浅ましいなとも思うけど、もしかしたら「男の性欲」と呼ばれるものの中核には、そういったみみっちさや浅ましさ――別の言い方をすれば「弱さ」や「怯え」みたいなものが関与しているかもしれず、それを直視することのしんどさも含めて恥の感覚が形成されていたのではないかと、改めて思う。

「いつか嘘がバレる」という恐怖

もう少し恥の個人史を振り返ってみる。思い出されるのは中1のときについてしまった浅はかな嘘だ。私は小2でサッカーを習い始め、中学でもサッカー部に入った。Jリーグが開幕したばかりの当時は空前のブームで、学年の半数が入部するという盛況ぶりだった。そんななか、経験者だった私は最初の部活でパス練習のお手本役に選ばれ、注目の的となった。そして練習後、クラスメイトでもあったN君から「うまいねキヨ！」「どこのチームでやってたの？」と聞かれた。そこで私はとっさに「ヴェルディのジュニアチームにちょっといたことがある」と答えてしまったのだ。

小学生のときに所属していたのは地元の少年団で、これはまったくの嘘だ。それどころか、ヴェルディのジュニアチームは少年サッカーの大会で対戦し、0対9という大差で負けたことのある相手だった。Jクラブの下部組織と言えばサッカー界のエリートコースで、素直なN君は目を輝かせながら私の〝経歴詐称〟を鵜呑みにし、その後いろんな人に「キヨってヴェルディにいたんだよ！」と宣伝していった。自業自得だが「いつか嘘がバレるんじゃないか」という感覚はとても嫌なもので、みんなで雑談しているときは話がそこに向かわないよう文脈を巧みにコントロールしていた。ちゃんと嘘を訂正したわけではないので、いまだにサッカー部のメンバーとは会いづらさがある。見栄や虚栄心、話を盛る癖、それらの後処理で冷や汗をかく傾向などは今の自分にも当てはまるもので、その原体験のように感じられるところが恥の記憶になっているゆえんかもしれない。

これらが「カーッと恥ずかしくなる記憶」だとしたら、なんと言うか、もう少し重たい気分になるようなものもある。例えばそれは小学生のときに幼馴染みとつるんで勤《いそ》しんでいた悪戯にまつわる思い出で、ピンポンダッシュとか、友達の背中にシールを貼るとか、いかにも小学生という感じのものも少なくなかったが、通学路にある団地の庭にゴミを投げ込んだことと、他人の家の玄関の鍵穴に雑草を詰めたことは、思い出すだけで脂汗が出てくる一件だ。なぜなら、それは大人たちから「あの辺りには近づくな」と言われていた一帯でしでかしたことで、私はその意味をわかった上でやっていた。当時は無邪気な遊び感覚だったかもしれないが、今思うとあれは悪戯などではなく、どう考えても「差別」と呼ぶ呼べき行為だった。

私と幼馴染みは商店街の子どもで、バブル景気の余波もあってそれなりに恵まれた暮らしをさせてもらっていた。それで選民意識のようなものを持ち、あのような差別行為に及んでしまったのだろうと、今なら理解できる。そこには大人たちや地域社会から知らぬ間に受けていた影響も色濃くにじんでいるはずで、すべて子どもの自己責任に帰するのは酷な話かもしれない。でも、当時の自分が抱いていた無知や勘違い由来のイキったマインドを思うと、情けなくて恥ずかしくてとてもつらい。すぐにバレたし、幼馴染みと謝りに行かされ、鍵穴は電器屋を営んでいた父が修理することにもなったが、自分がしでかしたことの意味を理解した上で反省なり謝罪なりをできたわけでは全然なかった。

これまで紹介したエピソードはどちらかと言うと「やらかした側」としての話だったが、自分が被害者になった出来事にも恥の感覚が埋め込まれているものがいくつかある。例えば私は19歳の冬に駅のホームで4人組の男からカツアゲに遭い、そのまま殴る蹴るの暴行を受けて鼻の骨を折るなどの大けがを負った。また29歳のときには、同じプロジェクトに関わっていたベテランライターの男性からパワハラを受けたことがあった。どちらも長年〝被害〟とは認識しておらず、前者は「5000円を出し渋ったら殴られて救急車で運ばれ、結果的に病院で治療費25000円を払うハメになった（笑）」という自虐的な笑い話にしていたし、後者は自分の仕事のできなさを痛感した出来事として記憶されていた。

しかしそれは、ひと皮むくと生傷が疼いているようなものでもあった。暴行を受けて救急車で運ばれたことはネタにできても、「弱そうなやつ」「金を取れそうなやつ」と目を付けられた結果であろうこと、まわりにいた人が誰も助けてくれなかったこと、「浪人生なのに夜に出歩いてたお前も悪い」と親から言われたことなどは、直視不能な〝触れづらい地帯〟のままになっていた。またベテランライターとの一件にしても、ハラスメントの構造とか、弱さを認められない「男らしさの呪縛」とか、そういうことを知識として学べたおかげで被害と認識することができたが、それがなかったら今でもどうだったか……。同じプロジェクトチームには自分と近しい年齢の女性ライターがふたりいたのだが、連日のようにベテランライターから出版社の会議室に呼び出され、明け方まで彼女たちがいる前で「こんなキャッチコピーしか書けないの?」「それでよく今までやってこれたね?」「清田くんのせいでこいつらも家に帰れないじゃん(笑)」とイビられ続けたことは、いまだにトラウマティックな出来事だ。公衆の面前で若手に説教することの興奮、若い女性たちに己の権力性を見せつけることとの快楽──。ベテランライターからその道具として利用された屈辱は、「恥をかかされた」という表現がとてもしっくりくる。

恥=我を失わないための抵抗運動?

さてここまで、少し駆け足にはなってしまったが恥の個人史をいくつか振り返ってきた。こうして文章にすると「なんだか流暢に語りすぎたかも」「エピソードとして簡潔にまとめすぎてしまったかも」と感じるところも正直なくはないが、書きながら急に動悸がしてきたり、息が浅くなったり、思わず目をつぶってしまったりする瞬間も多々あった。身が固くなり、思考が止まり、頭が言語化を拒んでいるような感覚が生じる地帯に埋め込まれた恥の感覚とは、私にとって一体どういうものなのだろうか。

基本的にはやはり、暗くネガティブなものだと思わざるを得ない。恥の感覚に包まれると、自分に自信が持てなくなり、存在の基盤が揺らいでしまうような感覚がある。例えばＳＮＳで炎上を経験したときは、社会から失望され、仲間たちに見離されたような心地になった。自分の発言にも非があったことは確かだが、中には原文を読まないままイメージだけで非難してくる人や、明らかな嘘や事実誤認を広めている人もいた。脅迫のような内容のＤＭすら届いたことがあるというのに、自分を責める気持ちが止まらず、「清田がまたなんかやらかしたらしい」「化けの皮が剝がれたなｗｗｗ」という幻聴が響き、脳内でどれだけ釈明や反論を重ねても永遠に許してもらえない。それまで友好的なやりとりをしていたような人たちに対してさえ、離れたところからクスクス笑われ、そちらを向けばパッと目を背けられるような感覚に陥った。冷静になってみれば、それらは単に自意識や超自我（＝自分を監視する自分）が生み出した現象に過ぎず、現実の生活で何かが起こったわけでもなかったのだが、その判断がにわかにつかなくなってくるほど恥の感覚は鮮烈にして強烈だ。思い出したときに「あーーーーーーーー!!!!」と叫びたくなるのは、もしかしたら、我を失わないため、自らを保つために取る、とっさの抵抗運動なのかもしれない。

その一方で恥にはポジティブな側面も確かに存在する。冒頭に挙げた「白い靄」や「進入禁止の看板」はある意味〝かさぶた〟のような役割を果たしているとも言える。その向こうには生傷のようなものがあって、それはいまだ手当てがなされていない。いつか目を向けるべき瞬間が訪れるかもしれないけど、今はそのタイミングではないし、その余裕もない。そういう記憶に「触れるな危険」とシールを貼り、心の奥底でひっそり保管しておいてくれるのが恥の持つひとつの効能ではないか。

ラブレター代わりに自作の小説を渡したことや、好きな作家(ちなみに町田康さんです……)の文体を丸パクりしていたことが恥の記憶となっているのは、私が大学生のときから抱き続けている、文学に対する強烈な憧れとコンプレックスがおそらく関係している。それが剝き出しの形で表れているからこそ思い出したくない記憶になっているのだと考えられるが、恥のおかげで直視せずに済み、文学への憧れやコンプレックスとゆっくり折り合いをつける時間を得られたと言えなくもない(こうしてエッセイのような形で自分の中の問題を扱えるようになったのはそのひとつの成果だと感じる)。大事な問題と向き合うためにはどうしたって時間が必要になる。複雑な背景やメカニズムを理解しないことには語れるものになってくれない。

今回は「恥の個人史」と銘打って様々な記憶を掘り起こしてみたが、ここで紹介したのは「恥ずかしいけど今なら言語化できるかも」とかろうじて思えたものだけであって、まだまだ触れられそうにない記憶も多々あった。〝語りやすいエピソード〟に落とし込んでしまおうという気持ちも湧いたが、それはなんだか危うい感じがした。恥部を上手に削り、受け入れられやすい話、褒められやすい話に編集することもできるかもしれないが、それをやってしまうと結局は「自分に嘘をついている気がする」「誰かに見透かされるのではないか」といった不安に苛まれることになる(それこそ『人間失格』の主人公が級友から「ワザ。ワザ」とささやかれて震撼したように……)。

恥は恥だが役に立つ。それは心の生傷を守る絆創膏《ばんそうこう》であり、そこに何か大事なものが潜んでいることを知らせる目印でもある。まだ書くことができなかったあの記憶やこの記憶は、恥の貯蔵庫で熟成を待ちつつ、いつかそのときが来たらじっくり向き合って言葉にしてみたいと思う。

4

平成から遠く離れて——生産性の呪いと自己責任社会

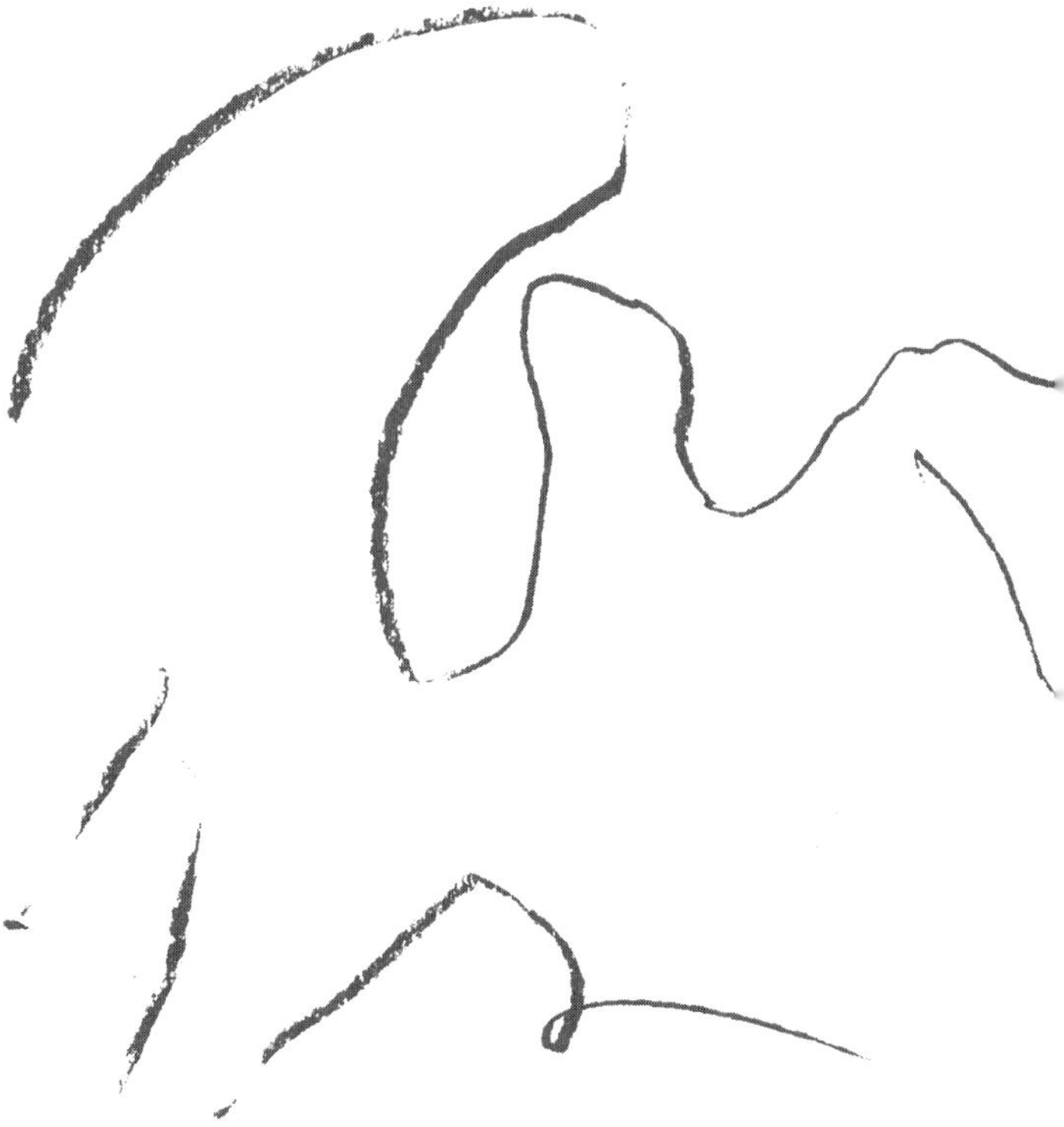

名もなき人々の言葉から浮かび上がる新自由主義社会の実相

市井の人々の身の上話に耳を傾ける

上原隆さんの本に出会ったのは今から20年くらい前のことで、同級生が貸してくれた『友がみな我よりえらく見える日は』（１９９９年、幻冬舎アウトロー文庫）が最初の一冊だった。そこには普通の人々の人生が描かれていた。そのドキュメンタリーのようなテキストに衝撃を受け、他の著書も次々と読んだ。そのとき私は文学部に通う大学生で、いつか作家になりたいと思っていた。でも自分には小説にできるような特殊な経験など皆無だし、健康にも人間関係にも恵まれた人生を歩み、「これだけは誰にも負けない」と思えるような何かも持ち合わせていない。平凡でありふれていて偏ったところもなく、好奇心もチャレンジ精神も希薄な自分が物書きになんかなれるわけない……と、〝普通コンプレックス〟をこじらせていた私にとって、上原さんの文章はとてもとても刺激的だった。

読みながら去来した様々な思いの中に、「これなら俺にも書けるかも」というものがあった。芸能人や著名人が出てくるわけじゃないし、危険な場所に潜入取材しているわけでもない。文体が風変わりなわけでもないし、難しい単語が並んでいるわけでもない。何より著者自身、自分と似たようなコンプレックスを抱えている。そういった諸々にある種の〝近さ〟を感じ、それが物書きになりたいという夢の支えになっていた。

しかし、それは極めて浅はかな勘違いだった。私はその後、雑誌を作るサークルに入り、その仲間と出版系の制作会社を立ち上げ、ライターとして様々な媒体で仕事をするようになった。そして30代になって独立し、友達と趣味のように続けていた桃山商事の活動が仕事と重なっていき、今はジェンダーの問題を主なテーマとする書き手として日々を暮らしている。

ユニットとして、また個人としてもいくつかの本を書く機会に恵まれ、2021年には『自慢話でも武勇伝でもない「一般男性」の話から見えた生きづらさと男らしさのこと』（扶桑社）という長いタイトルの単著を出版した。「名もなき市井の人々の身の上話に耳を傾ける」という点で上原さんの影響を多分に受けており、ありそうでなかった一般男性の人生録ということで、個人的にも思い入れの深い一冊となった。

だからこそなおさら痛感する。上原さんのように書くことは途轍もなく難しい。近づこうと思えば思うほど〝遠さ〟を感じる。「これなら俺にも書けるかも」だなんてよく思えたものだよな……と、自分の浅はかさに身震いする。

今朝、大きなマンションの前に立ったときや、居間に入ってラックに入っている彼らの仕事の成果を見たときに、ここにいる人たちは、生き馬の目を抜くような業界で仕事をしている、少数精鋭の手強い人たちなんだと思った。

ところが、ひとりひとりと話しているうちに、その印象は変わっていった。清田はみんな仲良く仕事できるのが一番だというし、武藤は暗い自分を受け入れてくれるところだという。そして、後藤は小心者の集まりなのだといった。

学生サークルのまま社会に出ていきたいと思ったのは、みんな気が弱かったからなのだ。

（『正論』２０１０年11月号、産経新聞社、上原隆「サークル会社」）

実は一度、上原さんから取材を受けたことがある。サークル仲間と立ち上げた会社のことをノンフィクション・コラムにしてくれたのだ。当時我々は全員30代に差しかかろうというタイミングで、会社の方向性や行く末について、日々みんなで議論していた。経営はそこそこ軌道に乗っていたが、下請け仕事がメインで「自分たちの名前で仕事ができるようになりたい」という目標にはほど遠い状態だった。一方でリーマン・ショックの影響もあって業界全体で制作費が下がっており、「夢よりも安定が優先」という声も根強くあった。上原さんが声をかけてくれたのはそんな時期で、朝から晩まで仕事や会議の様子を観察し、合間合間でメンバーそれぞれにインタビューしていくという取材が丸3日も続いた。

繊細な手仕事による珠玉のコラム

2023年に文庫化された『ひそかに胸にやどる悔いあり』にも様々な人たちが登場する。娘を殺人事件で失った夫婦、60年間休まず新聞配達を続けた男性、身寄りのない男性を家に招き入れた元教師、上司のパワハラに苦しんだ女性、4人の息子を育てるシングルファザー、新聞に川柳を投稿することが生きがいの男性、駄菓子屋に集う小学生たち……。どのコラムもグッとくる描写やセリフで構成されている。「リアル」「臨場感」「等身大」「率直な」といった表現を重ねても到底言い表せないような〝生《なま》の言葉〟に溢れているのは、おそらく上原さんがそこに「居る」からだ。話を聞いているだけでなく、そこに居る――。これこそが上原作品の魅力の源泉ではないかと、私には感じられてならない。

父と息子たちが集う居間に、かつて事件が起きた場所に、「街のサンドイッチマン」が看板を持って立つ交差点に、『安心電話』の現場に、年老いた独身男性が通う銭湯に、今日で閉店となる古書店に、アイメイトと通うスポーツセンターに、未練に苦しむ男性が最初のデートで行った飲食店に、部室みたいな我々のオフィスに、上原さんは居る。取材なんだから当たり前だろうと感じるかもしれないが、これって実はかなり難しいことじゃないかと、同業者として強く思う。というのも、私的な時間や空間に立ち入られることは誰にとってもストレスだろうし、つらい記憶や心の傷について振り返ってもらうのも、たとえ取材相手からの申し出であっても負担を強いる行為になる。露骨に面倒くさがられることもあるだろうし、距離感を誤れば依存される可能性だって否定できない。

我々のときも決して簡単な取材ではなかったと思う。メンバーの中には上原さんの文章を読んだことがなく、『情熱大陸』や『プロフェッショナル』のような、「新進気鋭のクリエイター集団に密着！」みたいな内容をイメージしていた人も正直いた。ところが取材が始まり、朝から晩まで上原さんがオフィスに常駐するようになると、にわかに様子が変化した。事務所の床で居眠りし、仕事が進まず不機嫌になり、会議では生々しい数字の話が飛び交う。そんな姿を社外の人である上原さんに見られることを嫌がり、戸惑いを見せる者もいた。必ずしも全員が楽しく取材に応じていたわけではない。そういう時間にじっと身を置き、観察と会話を重ねる中で見出してくれたのが「学生サークルのまま社会に出ていきたいと思ったのは、みんな気が弱かったからなのだ」というポイントだった。

どの取材にも、そのようなプロセスが少なからずあったのではないかと想像する。一緒に道を歩いたり、巧妙に気配を消したり、優しく寄り添ったり、冷静に分析したり、沈黙に耐えたり、聞きづらい質問を投げかけたり、自分を重ねたり、心を痛めたり、ひらりと身をかわしたり、突き放して観察したり、興味津々で盗み聞きしたり、圧倒的な現実を前に言葉を失ったりしながら拾い集めた、物語未満の欠片たち。

それだけでコラムが完成するわけではもちろんない。ずっと回している録音テープは毎回ものすごい時間になるはずだが、上原さんはそれらを一言一句、手書きで文字おこししているという。そのようにして用意した膨大な素材を何日もかけて読み込み、相手のことをずっと考え、自分の心にも潜りながらグッとくるポイントを探り、そこを中心に構成を組み立てていく。上原さんのコラムがしばしば「珠玉の」と形容されるのは、それが繊細な手仕事によるものだからではないか。

すべて自己責任に帰されるシビアな社会のなかで

電器店は繁盛した。ただ、ここ十年近くは大型店ができたために売り上げが減少している。

「携帯見てもろたらわかるけど」彼は私に携帯電話の連絡先名簿を見せる。「全部で八百五十名、お客さんです。電気製品が具合悪くなったら電話してきます。僕はなるべく修理する。部品を使わずに直せたら無料、出張費は取りません。お年寄りには喜んでもらってます。最近は、アンテナの取付けで屋根に登ろうとすると、お客さんが『危ないからやめとき』って。自分ではしっかりしてるつもりでも足元がおぼつかないんやろね」彼が声を出して笑う。

（上原隆『ひそかに胸にやどる悔いあり』「新聞配達六十年」２０２３年、双葉文庫）

上原さんの書くノンフィクション・コラムはどれも小さな小さな物語だ。そこに描かれる人がいて、発せられた言葉があって、それ以上でもそれ以下でもない、様々な人生の断片。なんらかの主張やメッセージを伝えるために書かれたものではないし、時代や社会を映す鏡として存在しているわけでもない。おそらく上原さんは縁あって出会った人たちと向き合い、話を聞いたり時間をともにしたりするなかで感動したポイントをそのつど文章にしているだけで、本来であれば余計な深読みや意味づけなどせず、その一篇一篇を味わうように読んでいくのがいいと思う……のだけれど、それでも私は無意識的に結びつけてしまう。出てくる人たちと自分自身のことを。描かれる物語と私たちが生きるこの社会のことを。野暮で無粋な読み方だなとは思うけれど、重ねて考えることをどうしてもやめられない。

例えば『友がみな我よりえらく見える日は』には「リストラ」という話が収録されている。単行本版（学陽書房）の出版が1996年、日本が本格的な不況に突入していく時代だ。そこからリストラという言葉はすっかり一般化し、以後ノンフィクション・コラムにも、会社の都合で職を失ったり、再就職の機会を得ることに苦労したりする人が度々登場するようになる。2000年前後といえば、実力主義、競争社会、弱肉強食——効率や生産性といったものが重視され、成果や能力で人間の価値を測る風潮が社会の隅々にまで広がっていった頃だ。我々が会社を立ち上げたのは2005年のことで、当時は「就職氷河期」と呼ばれ、みんな早々に就職することを諦めていた。また「ナンバーワンよりオンリーワン」という歌詞が社会現象になるなど、やりたいことを見つけて自由に生きることが推奨された〝自分探し〟の時代でもあった。成功できるかどうかは努力と実力次第で、失敗すれば負け組として生き続けねばならない。そんなムードのなかにあって、気の弱かった我々はみんなで社会に出ることを選択した。上原さんの目に映った「サークル会社」は、すべて自己責任に帰されるシビアな社会をなんとか生き抜こうと奮闘する若者たちの姿にも見える。

心を病む人、お金の工面に苦しめられる人、家から出られなくなった人、身近な存在を失ってしまった人など、上原さんの本には困難に直面している人たちが数多く登場する。直接的な困難でなくとも、生活の周辺に孤独への恐怖が広がっていたり、明日の展望が開けないことの不安がにじんでいたりすることも多い。先に「新聞配達六十年」に登場する男性の言葉を引用したのは、まさに私の父が電器店を営んでおり、大型店の影響で売り上げが激減し、商店街にあった店舗を畳んで工事と修理のみの営業に切り替えた過去があったからだ。これらの背景には間違いなく新自由主義社会という巨大構造が関係している。うちのお父さんはこの先どうなるんだろう。そして同じく自営業者として生きる自分自身は……？

新自由主義社会の影響力は絶大で、そこから逃れることは誰であっても難しい。それでもなお、上原さんの描く物語にはささやかながらも力強い希望が宿っていて、思わず感動する。それは根底に「自尊心が粉々になりそうなとき、人はどのようにして自分を支えるのだろうか？」という問いがあり、多様で切実な個人のあり方が丹念に描かれていくとともに、どんなものでも自分を支える力になり得るという肯定的なまなざしに貫かれているからだ。失恋したとき、友への嫉妬心に苛まれたとき、通帳の残高がゼロになったとき、才能のなさを痛感したときなど、上原さんの本に支えられた瞬間は数え切れないほどある。読めば読むほどその凄みを思い知り、もはや「これなら俺にも書けるかも」なんて逆立ちしたって思えないけれど、自分もいつかこのような文章を書けるようになりたいという気持ちを胸に、これからもノンフィクション・コラムの数々を大切に読み続けていきたい。感動するとはそれ自体が生《せい》の実感であり、今日を生き抜く力になると思うのだ。

（※ただし、すべて自己責任で対応してください）という見えないただし書き

〝平成〟という時代が生み出したもの

ナンバーワンよりオンリーワン。まさかあれが自己責任社会の入口だったなんて、当時はまるで思いも寄らなかった。

白井《しらい》友里子《ゆりこ》、前田《まえだ》一洋《かずひろ》、坂本《さかもと》亜矢奈《あやな》、安藤《あんどう》与志樹《よしき》、弓削《ゆげ》晃久《あきひさ》、南水《みなみ》智也《ともや》という6人の人物に焦点を当てた朝井リョウ『死にがいを求めて生きているの』は、それぞれの人生に様々な形で登場する堀北《ほりきた》雄介《ゆうすけ》との関わりをひとつの軸にしながら、物語の輪郭が少しずつ浮かび上がってくるような筆致で描かれていく長編小説だ。単行本版の帯に〈交わるはずのない点と点が、智也と雄介をなぞる線になるとき、目隠しをされた〝平成〟という時代の闇が露わになる――〉とあるように、登場人物の言動を通して見えてくるの

は私たちが生きるこの社会の実態だ。

キャリア3年目の看護師として働く白井友里子は、機械的に業務をこなす日々にかすかな疑問を感じながら、雄介や弟の翔大《しょうた》が口にする「絶対」という言葉の強度に心を揺るがされている。転勤族の子どもとして智也と雄介の通う小学校に転校してきた前田一洋は、新しい環境に順応する術を駆使して輪の中に入りつつ、そこに存在している人間関係を一歩引いたところから眺めている。智也と雄介と同じ中学に通う坂本亜矢奈は、いつも行動を共にしている礼香《れいか》に何かと振り回されながら、友人の振る舞いを少し醒めた目で観察している。学生団体の代表を務める北大生の安藤与志樹は、「何者かにならねば」という焦りを抱えながら、周囲から注目されるような何かを必死に探し求めている。制作会社の中堅社員として働く弓削晃久は、気鋭の若手ディレクターと高圧的なテレビ局のプロデューサーに挟まれながら、「俺はまだ終わってない」とばかりに一発逆転を狙っている。幼少期から大学教員の父親にとある思想を押しつけられてきた南水智也は、それを否定することを人生の目標に据えつつ、父親に反発するかのように雄介と常に近い距離で関わり続けている。

ばらばらな個々人を描いているようで、どの人物にも自分自身を感じるような、そんな不思議な手触りがある。それは様々な人の目線を通して描かれる雄介の姿にも当てはままることで、すぐ何かに感化されてしまう雄介も、効率の悪いやり方で情熱を燃やす雄介も、人とは違う何かを求めた末に凡庸な選択をしてしまう雄介も、自己肯定と自己否定の間で乱高下する雄介も、周囲との比較でしか自分を確認できない雄介も、何かとオールオアナッシング的な思考に陥ってしまう雄介も、次から次へ飛び石を渡るように「生きがい」を変えていく雄介も、とてもとても既視感のあるものだった。それはおそらく、私たちが人生の大部分を過ごしてきた〝平成〟という時代が生み出したものだからではないか。

私が平成を生きたのは8歳から38歳までの30年余りということになる。東京の下町で育ち、中高一貫の男子校へ通い、1年の浪人生活を経て著者の朝井さんと同じ早稲田大学に入学した。友人に誘われて雑誌を自主制作するサークルに入り、そこで文章を書くことのおもしろさを知った。いわゆる「就職氷河期」だったこともあって就活を早々に諦め、同級生と小さな制作会社を立ち上げて出版業界の片隅で働き始めた。雑誌やウェブメディアで記事を書きながらキャリアを重ね、32歳のときにフリーランスの文筆業として独立。そして学生時代から趣味として続けてきた桃山商事の活動が次第に仕事とリンクするようになり、こうして様々な文章を書きながら日々を暮らしている。

好きな仕事で生活できている幸運を噛みしめる気持ちもあれば、それは自分の努力と選択によってつかみ取った結果なのだという自負もある。一方で、40代になっても生活の不安が拭えない現状が〝人生の通信簿〟のように感じられて落ち込むこともあるし、確固たる才能や専門性があるわけでもない自分に薄っぺらさを感じ、自己否定の波にのみ込まれることもある。でもそれは、私固有の問題というわけではおそらくない。ここには時代や社会の変化から受けてきた影響が多分に染み込んでいる。本作を読みながら、そのことを強く強く実感した。

自己責任社会を生きてきた者同士のピアサポート

泥臭さよりスマートさ、主観ではなく客観、やりたいことよりやるべきこと、争いではなく対話、ベストよりジャスト、感情ではなくロジック、カオスより安定、相対評価より絶対評価、コミュニケーション、コストパフォーマンス、セルフプロデュース、セルフコントロール、効率、生産性、時間の有効活用、エビデンス、リスク回避、組織に頼らない生き方……など、こういったものを推奨してきたのが平成という時代の特徴ではなかったかと私は捉えていて、適応できた人、できなかった人、無理して乗っかっていた人、流れに抗おうとした人、意識せず生きてこられた人など、そこには人それぞれの反応があり、また、それらは部分部分で複雑に混じり合っていたんじゃないかと思う。

機械的に仕事をこなすことは、高度にマニュアル化された業務に対する最適な向き合い方かもしれないし、一歩引いたところから人間関係を眺めることは、争いを回避し、無用な感情をかき立てないためのスマートな態度かもしれない。他者に期待しすぎないことはクールさの表れとも言えるし、「何者かにならねば」や「俺はまだ終わってない」といった焦りは、個々人に特性や成果を求める社会の副産物とも言える。

勝敗を決めないようになったのも、順位の発表を取り止めたことも、科学的なエビデンスを重視するようになったのも、政治的に正しい方向へ変化していくことも、それ自体はとても素晴らしいことだと思う。でも、そのあとに（※ただし、すべて自己責任で対応してください）という見えないただし書きをつけていたのが平成という時代の闇だったと、私には感じられてならない。

変化に適応できない人はどうなるのか。割り切れなかった感情はどこへ行くのか。人に言えないような欲望はどうすればいいのか。ダサくてずるい自分とどう向き合えばいいのか。制度やシステム、メディアが発するメッセージなど、様々なものを通じて知らぬ間に新自由主義的な価値観が浸透する過程で、私たちの中に存在していたいろんなものが切り捨てられ、行き場を失っていった。

だけど人間は、自分の物差しだけで自分自身を確認できるほど強くない。そもそも物差しだってそれ自体だけでこの世に存在することはできない。ナンバーワンよりオンリーワンは素晴らしい考え方だけど、それはつまり、これまでは見知らぬ誰かが行ってくれた順位付けを、自分自身で行うということでもある。見知らぬ誰かに「お前は劣っている」と決めつけられる苦痛の代わりに、自ら自分自身に「あの人より劣っている」と言い聞かせる哀しみが続くという意味でもある。

（朝井リョウ『死にがいを求めて生きているの』２０２２年、中公文庫）

今思うと、私が新自由主義的な価値観を強く内面化したのは大学生のときだった。エスカレーター式の一貫校に通っていたにもかかわらず浪人することになった私は、それまでの怠惰な自分を徹底的に見つめ直し、予備校のカリキュラムに沿って極めて計画的に勉強を進め、憧れの学校に合格することができた。しかし、意気揚々と大学に入学するも、自分より勉強ができる人がうじゃうじゃいる現実におののき、早々に自信を喪失。そこから長らく「人と違う何か」を求めてもがき苦しんだ。

成績優秀なクラスメイトには「俺のほうがおもしろい」と心の中で張り合い、学内で目立っていたメジャーサークルの面々を「薄っぺらいやつら」と小馬鹿にした。一発逆転を狙って極端な選択をすることもあったし、資格や検定など、わかりやすい成果が得られそうなものに手当たり次第トライした時期もあった。平凡な家庭に生んだ両親を呪い、器用貧乏で絶対的な強みのない自分を嘆き、なんらかの特性や当事者性を喉から手が出るほど欲した。同世代の人が何かアクションを起こしたり、メディアに取り上げられたりしたら、焦りや妬みでいてもたってもいられなくなった。例えば学生団体のSEALDs（シールズ）や、それこそ大学生の頃から作家として活躍していた朝井さんがもし同世代だったら、それはそれは嫌な形で嫉妬心をこじらせていたと思う。褒めて欲しい、認めて欲しい、特別扱いされたい、俺も「すごい人たち」の一員になりたい――。そんな気持ちに日々翻弄されつつ、でも表向きにはひた隠しにしながら、いっぱしの学生クリエイターを気取って雑誌づくりに励んでいた。ＳＭＡＰの歌が社会現象になったのは、まさにそんなときだった。

だからすごくわかる。とりわけ堀北雄介や安藤与志樹、弓削晃久なんかの言動は痛々しいほど刺さってくる。新自由主義的な価値観への過剰適応と、そして途中で雄介も自覚することになった〝男らしさの呪縛〟によって身体に刻まれた傷の記憶が、読みながら次々と疼いた。でもそれは決して嫌な痛みではない。ともに平成という自己責任社会を生きてきた者同士のピアサポートのような、不思議な手触りの癒やしがあった。

時代は令和へと移り、社会はさらに変化し続けている。新自由主義的な価値観がよりいっそう浸透した部分もあるし、平成的な感覚が〝時代遅れのもの〟と見なされ始めている部分もある。ジェンダーや多様性にまつわる議論は猛スピードで進み、正しさをめぐる社会的な線引きと、そこからこぼれ落ちてしまう感情や欲望の問題は、今やますます切実なものとなっている（この問題意識を引き継ぎつつ発展させたのが２０２１年に新潮社から刊行された小説『正欲』だろう）。もし雄介がYouTuberになっていたら多くの支持を集めるような気がしなくもないし、本作で描かれる海族と山族をめぐる陰謀論めいた二元論は、すでに別の形でこの社会に広がっているようにも思う。一人の男性が元首相を銃殺したのは、もしかしたら〝死にがいを求めて〟のことだったかもしれない。

社会構造はとても強固で、その影響から逃れることは難しい。自己責任的なマインドも、ジェンダーの呪縛も、振り払っても振り払っても心身にまとわりついてくる。本作に正解が書かれているわけではないし、解決策が提示されているわけでもないが、打ちのめされるような現実に直面したときこそ、私たちには文学の言葉が必要だ。

〝生産性の呪い〟と生活の手触り
――個人史から考える「東京」のこと

1999年に始まった「効率」と「成長」の時代

北千住《きたせんじゅ》、池袋、護国寺、南千住、御茶ノ水、高田馬場《たかだのばば》、早稲田、浜松町、巣鴨、代々木、西永福、渋谷、浜田山――。これらは私が縁をもったことのある東京の街だ。育った街、通学した街、働いた街、暮らした街。私は足立区の下町・北千住で生まれ育ち、40代になった今も東京で暮らしている。思春期を過ごしたのは1990年代で、護国寺にある日大豊山《ぶざん》という中高一貫校に通い、学校帰りはサンシャイン60やアメ横の古着屋をめぐり、大塚や西日暮里《にしにっぽり》のマクドナルドでだらだら過ごすのが日常だった。

今から書いていくのは、そんな私の個人史を通じて見えてきた東京の姿だ。初めてひと目惚れを体験したのはJR田端《たばた》駅のホームで、初めて恋人ができたのは隅田川にかかる千住大橋の上だった。御茶ノ水で送った1年間の浪人生活を皮切りに〝勤勉の時代〟が始まり、20代の後半に暮らした巣鴨で街とのつながりを失い、代々木で遭遇した3・11はそれまでの価値観や人生観に大きな変化をもたらした。書き手としてジェンダーの問題と向き合うようになってからは、東京という場所にまつわる特権性を意識せざるを得なくなった。そして、このように私がさまざまな街で体験した出来事は、そのほとんどが平成という時代と重なる、90年代から現在に至るまでの東京の変化とどこかリンクしているようにも思う。

私の思春期は通信機器の発展とともにあった。ポケベル、PHS、ケータイ、ショートメール、iモード……と、毎年のように更新されていくテクノロジーによってコミュニケーションのあり方が目まぐるしく変化した。ポケベルが全盛のときは、駅や学校の公衆電話にできた長蛇の列に並び、高速でボタンを打って友達に「オハヨー」「ナニシテル？」などとメッセージを送っていた（ポケベルを知らない人が見たらとても奇妙な光景だと思う）。また雑誌文化も花盛りで、『Boon』（祥伝社）や『smart』（宝島社）といったファッション誌をみんなで回し読みし、『プチセブン』（小学館）や『Zipper』（祥伝社）などに登場する女子モデルに胸をときめかせていた。

高校時代には『東京ストリートニュース！』（学習研究社）という雑誌が一大ブーム

となり、妻夫木聡や押切もえが〝スーパー高校生〟として活躍していた。日大豊山も男子校ランキングの上位に数えられ、ピンクの二本線が入った「豊山バッグ」が女子高生の人気アイテムになっていた。そこに通う私も都心のイケてる高校生……などでは全然なくて、田端駅のホームでひと目惚れした女子高校生と同じ電車になることだけを願って通学したり、当時は「カラーギャング」というヤンキー集団が恐れられていたこともあり、放課後はカツアゲに怯えながら池袋の街を歩いたりしていた。勉強にもスポーツにも打ち込めず、とにかく暇で冴えない日々だった。ミスチルやGLAYや小室ファミリーが一世を風靡《ふうび》していたけど、自意識過剰かつ歌が苦手な私はカラオケにハマることもできず、友達と解散したあとは家でドラマの再放送ばかり観ていた。

そんな私の生活が一変したのは、御茶ノ水の駿台予備校で浪人生活を送っていた19歳のときだ。大学までエスカレーターで上がれる学校に通っていたにもかかわらず現役受験に失敗した私は、このままじゃ本当にやばいとお尻に火がつき、それまでとは別人のように勉強に取り組んだ。授業の予習復習はもちろん、毎日のノルマを細かく設定し、それを勤勉に消化していった。休みの日も自習室に通うストイックな日々のおかげで成績はめきめき上昇し、晴れて第一志望に合格した。中高6年間の怠惰な日々を思うとものすごい変化だし、達成感もあった。しかし、この1年間で身につけた習慣や感覚が、その後の人生で自分自身を地味に苦しめ続けることになった。それは「効率」や「成長」に囚われてしまう〝生産性の呪い〟ともいうべき苦しみだ。

受験勉強にはゴール（目指すべき地点）とカリキュラム（勉強すべき範囲）が設定されており、努力と成長が概ね正比例してくれる。時間を有効活用するためには規則正しい生活が必須で、また集中力を最大化するためには食事や睡眠を効率的に確保していく必要がある。それを実行するなかで私は、与えられた課題を打ち返していくことが「努力」であり、そこに最大限の時間とエネルギーを費やすべく、無駄を省いて効率を上げていくことが重要だという感覚をインストールしてしまった。そして、成果や成長につながる時間を有益、それ以外の時間を無益と捉えてしまうような感覚も芽生え、「遊び」や「寄り道」といったものがすっかり苦手になっていった。

巣鴨で暮らしたのは20代後半の2年間で、社会人になると同時に高校時代の友人と高田馬場でルームシェア生活を始め、最初のマンションが取り壊されることになって引っ越した先が巣鴨だった。当時私はサークル仲間と立ち上げた出版系の制作会社に所属し、ライターとしてさまざまな雑誌で記事を書いていた。巣鴨を選んだのは高田馬場の職場と北千住の実家の両方に行きやすいという理由だった。駅近の物件で、春になるとマンションの前に桜のトンネルができた。地蔵通り商店街には昔ながらの定食屋があり、白山通りには夜中までやっている屋台のラーメン屋があった。引っ越してきた当初はここでの暮らしに胸躍るものを感じていたが、結果的に巣鴨の街とは深いつながりを得ることができなかった。それはほとんどの時間を仕事に費やすあまり、家が単なる「寝に帰る場所」と化してしまったからだ。

ライターの仕事はとても刺激的だった。その一方で、クリエイティブユニットとして認知されたいという思いや、個人としても名前の立つ書き手になりたいという目標がなかなか叶わず、強い焦燥感もあった。会社は途中で代々木に引っ越したが、そこで大半の時間を過ごす日々に変わりはなかったし、新しい事務所にはお風呂がついており、そのまま寝泊まりすることも増えていた。

なんだか常に落ち着かなかった。いつも何かに急き立てられているような感覚があった。自分では仕事の忙しさや将来への不安ゆえだと思っていたが、あれはおそらく、19歳のときから連綿と続く〝生産性の呪い〟がもたらしていたものではなかったか。ちょっと寝過ぎただけで罪悪感を抱き、食事は手早く空腹を終わらせるものと化し、人づき合いにも損得で判断する感覚が入り込み、通勤や外出の際も最短ルートだけを通るようになっていた。意味のあることをしなければ、次につながることをしなければ、時間を有効に使わなければ、もっと効率を上げなければ――。本来は怠惰で面倒くさがりな自分にとって、これはなかなか苦しい状態だった。そんな気持ちとともに過ごした巣鴨では、決まった道や決まった店を行き来するだけで、そこに「生活」はなかった。そうして街に身体感覚が馴染むことのないまま巣鴨での暮らしは終わりを迎えた。

東京を語る上で無視できない〝特権〟の問題

2011年3月11日、午後2時46分。あの大地震が起きたとき、私は代々木の事務所でパソコンに向かっていた。尋常じゃない揺れ方に驚き、同僚とともにいったん外へ避難した。それから夜までずっとテレビを見ていた。当時は西永福の街で3人暮らしをしており、代々木まで自転車通勤だったため帰宅難民になることは回避できたが、家に戻っても気持ちが落ち着かず、深夜までルームメイトとリビングで呆然と過ごしていた。幸いなことに、家の中は本が少し落ちていたくらいで概ね無事だった。

東日本大震災をきっかけに、周囲の人と政治の話をする機会が増えた。ルームメイトや日頃からよく会う友人たち、大学時代の恩師や仲良しの先輩編集者など、様々な人と語り合い、情報をシェアし合った。初めて知ることが本当に多く、それまで遠いものだと思っていた政治や社会問題が、意外なほど自分たちの暮らしと密接に関わっていることにとても驚いた。とりわけ衝撃を受けたのは、東京を中心とする首都圏の消費電力の、約3分の1を事故のあった福島原発が供給していたという事実だった。

震災後、私は雑誌の取材で一度だけ原発20キロ圏内の警戒区域に足を運んだことがあった。道路はところどころ陥没し、崖のような地割れも散見された。人の気配は本当に皆無で、崩壊した家屋がそのままの状態で放置され、避難所に連れて行けなかったであろうペットの動物たちがそこかしこをうろついていた。そういった景色を目の当たりにした影響もあり、込み上げる怒りとともに原発反対の意見を支持するようになった。しかし、一方には自分が暮らす東京のエネルギーが他ならぬこの原発に依存していたという事実があり、これをどう考えればいいのか、長いこと答えが出なかった。

そして思い至ったのが、これはどこか〝男性特権〟の問題と似ている……ということだ。例えば家事や育児の負担が圧倒的に女性に偏り、結婚で名字を変える人の9割以上が女性で、企業や政府など意思決定の場も男性ばかりで占められている。そういった状況が所与のものとして与えられているなかで、そこから得ている利益や、その裏側にある搾取や弊害について、ほとんど考えることがない。「考えなくても済む」「やらなくても許される」「そういうふうになっている」というように、意識や判断が介在するもっと手前のところの、環境や習慣、常識やシステムといったものに溶け込む形で偏在しており、その存在に気づくことなく享受できてしまうのが男性特権というものだ。

東京について考えるとき、そこにはこれと同種の感覚がつきまとう。人やモノが集まり、インフラは潤沢に整備され、メディアの情報も東京が中心だ。私自身もそのことにとりわけ疑問を持つことなく生きてきてしまったが、これらはどう考えても特権と言わざるを得ない。例えばこの原稿でも様々な地名を細かな説明なしに使ってきたが、それで通じる（ことになっている）のもひとつの特権と言える。東京で暮らすことが罪というわけではもちろんないし、後ろめたさを抱くこと自体が欺瞞《ぎまん》のようにも感じるが、それでもなお、そこに付随する特権はもしかしたら何かの犠牲の上に成り立っているものかもしれず、そのことを無視して東京を語ることはできないのではないか……。

次々と新しいモノや情報が飛び交い、コミュニケーションは高速化の一途をたどり、流行や正解も刻々と変化していく。そんな環境にあって〝生産性の呪い〟と無縁でいることは至難の業だろう。効率アップ、即断即決、コスパ重視。予め最適解が設定されている世界ではそれを速く確実に遂行していくオペレーション能力が求められるし、「時間の無駄は悪、非合理も悪」という価値観のなかでは睡眠時間をなるべく削り、ひたすら成果を出していくことが志向される。ランニングや筋トレで身体を鍛え、明日のためにアルコールを控え、エナジードリンクでテンションとモチベーションを高く保つ。S

NSで評判になっている映画を観て、グルメサイトで点数の高い店に行き、有名人が紹介していたブランドの服を買い、話題の本はAmazonでポチる。効率重視の私たちが体験しているライフスタイルの変化は、そのまま東京の変化にもつながっている。

初めて恋人ができた千住大橋のかかる隅田川沿いは〝リバーサイド〟としてきれいに整備され、放課後に古着を物色していたサンシャイン60の地下は、今やファミリー向けのショッピングモールみたいな場所になっている。ヤンキーがたむろしていることでお馴染みだった南池袋公園は緑の芝生が広がるヘルシーなスポットへと生まれ変わり、路地と個人商店が特徴だった北千住も今では「住みたい街ランキング」の常連となり、チェーン店と高層マンションが居並ぶ風景に変化しつつある。かつて電気街だった秋葉原はアニメとアイドルの街へと変貌を遂げ、新大久保はすっかり若者の街と化し、浅草は今やインバウンドのメッカで、渋谷は永遠に工事中だ。

全体的には清潔かつ便利な方向へと進み、キャラの立った街やスポットが人気を集めやすくなっている一方、その背後には地価の高騰や利潤の追求といった部分で手を握り合っている政治と巨大資本の思惑が巧妙に絡んでおり、効率や利便性を謳いつつも、裏では〝見えない排除〟がじわじわ広がってもいる——。90年代から現在に至るまでの東京の変化をまとめると、そのようになるだろうか。

キャパシティの限度は広がらない

私は39歳のときに双子の親となり、40代になってからは中央線沿いの街で暮らしている。双子育児とコロナ禍がほとんど同時にやってきて、それまでの暮らしが嘘のように一変した。最初はエンドレスに続くミルクとオムツ交換、夜泣き対応や溜まった家事の片付けなどで毎日本当に寝不足だったし、1歳から保育園に通うようになってからも、流行りの風邪やらコロナの濃厚接触やらで保育園に通えなくなることが定期的に訪れ、まったくと言っていいほど仕事の時間が取れなくなった。効率や成長といったものに囚われ、独身時代は持てる時間とエネルギーのほとんどを仕事や活動に注ぎ込んできた私にとって、これはなかなかしんどい状況だった。原稿が進まないこと、読書や演劇鑑賞が全然できていないこと、友人や仕事仲間になかなか会えないこと、子どもと接しているときも終わっていない仕事のことを考えてしまうことなどにより、毎日のように焦燥感や罪悪感に襲われた。常に眠いから頭が働かない。だから寝られるときは少しでも仮眠したい。でも寝たら寝たであっという間に時間がなくなり、今度は仕事が全然進まない。焦燥感は募り、子どもたちが寝静まった深夜にエナジードリンクを飲んで奮起する。

少し原稿が進んで安堵するも、翌日また寝不足で頭と身体が思うように動かず、家事や育児が疎《おろそ》かになって罪悪感に苛まれる。寝てもダメ、休んでもダメ、働いてもダメ、遊んでもダメ……と、何をしていても脳内でダメ出しの声が響くようになり、自分の中で何かが限界を迎えた。

確かにコロナ禍での双子育児は条件的にハードだったと思う。でもそれは多分、コロナのせいでも育児のせいでも仕事のせいでもない。そうではなくて、絶えず「まだまだですよ」「全然できてないじゃん」「もっともっとやらなくちゃ」と煽ってくる〝生産性の呪い〟こそが問題なのではないか。先に述べたように、それは確かに受験生としての成功体験が元になっているものだ。しかし、平成における社会の変化を思えば、そこに新自由主義的な価値観が強く影響していたことは火を見るより明らかだ。私が20代を生きた2000年代は「自己責任」という概念が社会に広がっていった時代だった。頑張らないと負け組になるぞ、社会に迷惑をかけるな、常に努力して成長せよ——というメッセージをあちこちで刷り込まれ、常に誰かと競争させられているような心地だった。時間、趣味、仕事、学び、人間関係など、あらゆるものの価値が費用対効果で測られ、その成果が数値やランキングで可視化されるようにもなった。勝てば自分のおかげで、負ければ自分のせい。でも、本当にそうだろうか？

私が受験生として持てる時間とエネルギーを勉強に全振りできたのは、お金や身のまわりの世話を親に支えてもらえていたからだ。当時はその意識が皆無で、すべて自分の努力によるものだと勘違いしていた。社会人になり、自活しながら仕事をするなかで、そのことが少しずつわかるようになった。でも受験生のときの体験が成功モデルとして居座り、そこに新自由主義的な価値観が拍車を掛けたことで、常に欠乏感や未達の感覚に苦しめられるようになった。そしてそれは、今なお私の中に根深く染みついている。

しかし、時間もエネルギーもどう考えたって有限で、私たちができることには限りがある。起きて、ご飯を食べて、掃除をして、仕事をやって、息抜きをして、買い物をして、子どもたちと遊んで、スマホを見て、友達と連絡を取り合って、片付けをして、お風呂に入って、明日の準備をして、寝て……とやっていたら、そりゃ普通に一日は過ぎていく。それの何が悪いのかという話である。一つひとつのプロセスを頑張って圧縮して、仮に少しばかりの時間を捻出できたとして、それが一体何になるのか。謎の焦燥感に駆られ、仕事先から最短ルートで帰宅し、15分ほど時間を切り詰めることができたからといって、そこになんの意味があるのか。改めて考えてみるとよくわからない。節約した時間は自己投資に宛てねば……なんて考えも思わず湧いてくるが、今度は体力が残っていない。いくら詰め込むものを増やしても、キャパシティの限度は広がらないのだ。

コロナ禍の双子育児で、私は巣鴨に住んでいた頃のような感覚に逆戻りしかけていた。しかし、街とのつながりを失ったあの2年間の暮らしを私は後悔している。当時から続く成功モデルに限界も感じている。すでに人生の半分以上も囚われている〝生産性の呪い〟から抜け出すことは容易じゃないけれど、それを解きほぐす鍵は、やはり「生活」にある。今の街に住み始めてまだ数年だが、様々な景色が段々と見慣れたものになってきた。住宅街のあちこちで工事が行われているのは、高度経済成長期にできた家屋がいっせいに建て替えの時期を迎えているからだろうか。やたら同じ名字の家が集中するエリアは、古くからこの地に住まう大地主の土地だったりするのだろうか。あそこのパンがおいしくて、ここの整体は絶えず行列ができていて、あの工場で見かけるおじさんはいつも渋い。電動自転車でも駐輪しやすいスーパーで食材を仕入れ、毎日料理をし、駅前から続く大きな商店街で生活必需品を買い足す。子どもたちと一緒に暮らしていると、かつてはあまり気に留めていなかった公園や公共施設、あるいや地域のお祭りやイベントといったものがにわかに気になってくる。近所の人たちとの会話も増えてきたし、保育園での接点を中心に人間関係のつながりもできてきた。他愛ないこととの連続だが、そういう毎日の一つひとつが生活の手触りとなっていく。

それでも〝生産性の呪い〟は手強く、妙な焦燥感も全然消えてくれない。仕事が溜まっている日などは、パソコンの前に張りつき、コンビニやUber Eatsで食事を手早く済ませてしまうこともしばしばだ。しかし、そうやってバタバタと暮らしながらも、かつて失った街とのつながりを再構築できている実感がある。コロナ禍があってよかったとは思えないけれど、街と人びとの生活を結び直すことにはひと役買っていたかもしれない。無駄を省き、できる限りのものを詰め込み、ひたすら何かを回していく〝密〟な毎日に疑問を持つ人も以前より増えたような気がする。それはこの先も変化し続けていくであろう東京という街に、どのような影響をもたらすのだろうか。

5

家父長制への抵抗——結婚と家族、ジェンダーの呪縛

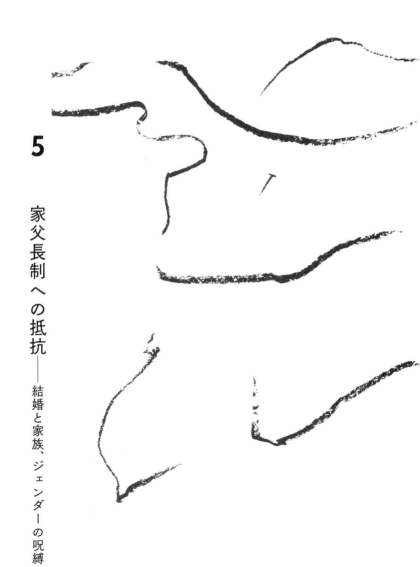

婚活と家父長制、その先にある虚無と死

常に行ったり来たりしている。規範と自由のあいだを、理性と生理のあいだを、我慢と欲望のあいだを、羨望と嫌悪のあいだを、マトモな男とダメ男のあいだを——あだこうだと叫びながら高速で行き来している。その激しい往復運動が生み出す熱量こそ作家・南綾子の真骨頂だよなっていつも思う。そして『結婚のためなら死んでもいい』は、これまでにも増してハイテンポ&ハイカロリーな小説だった。すごかった。嵐のようだった。読みながら圧倒されてしまった。

……いや、呑気に圧倒されている場合か。

孤独死が怖い。だから結婚したい。でもいい男がいない——。主人公の（というか、すべての婚活女性の）嘆きを要約するとこのようになる。人の気持ちを安易に要約なんてしてはいけないが、シンプルに言えばそうなる。でもそれはシンプルに言っただけの

話であって、実際には「だからなかなか結婚できない。でも孤独死が怖い。だから婚活を頑張る。でもしんどい。というか、なんでこんなにヤバい男しかいないわけ？　それはわたしの市場価値が低いから？　てか市場価値ってなんだよ！　自分に無理してまで結婚しなくてよくない？　でも孤独死が怖い。だからやっぱり結婚したい。でもいい男がいない――」というように延々と右往左往し、ループし続ける。先ほど「呑気に圧倒されている場合か」と書いたのは、その諸悪の根源こそ、男性優位な社会構造を生み出している「家父長制」的な価値観ではないかと思うからだ。

南さんの小説は男性描写も魅力のひとつだ。とりわけ男性たちの言動に宿る「キモさ（＝生理的嫌悪感）」を描かせたら天下一品という感じで、その瞬間の切り取り方や名づけ方の巧みさにいちいち爆笑させられてしまう。でも無邪気に笑ってばかりはいられない。むしろ気持ちよく笑わせられたあとには必ずゾッとした気分になる。

本作にも様々な男性が登場する。額にカナブンの脚くらい太い陰毛が張り付いていた男。口臭が牛乳をふいたぞうきんの十倍くらい臭かった男。女性から投げかけられた質問に答えるだけの会話下手な男。便利に見えてまったく使い道のない十徳《じっとく》ナイフみたいな男。一方的に自慢話をしてくるだけの男。シークレットシューズを見られただけで心を閉ざした男。連絡先を交換したばかりなのに半裸の自撮り写真を送りつけてきた男。

会ってもないのに「Tバックとかはきますか?」と聞いてきた男。手鼻をかんでその手を自分の上着で拭った男。女性はセックスの対象でしかないと公言する男。独身と偽って婚活アプリに登録している男。いきなりホテルに誘ってきた男。曖昧な関係のまま音信不通になった男。いい感じかと思いきや不動産投資の勧誘だった男。年上女性を「ババア」呼ばわりする男――。

誰がどう見たってクズな男は別としても、「その男性は単に不器用なだけであって、マイナスポイントをあげつらって描写するのは意地悪では?」と見る向きもあるだろう。緊張や経験不足、あるいは体質や性格が要因になっていて、そこを責めるのはかわいそうというケースも実際にはあったかもしれない。でも、こうも考えられる。清潔感に欠けていたり、見た目に無頓着だったりするのは、「男は外見にこだわらなくてもいい」というジェンダー規範にあぐらをかいてきたゆえのことかもしれないし、自分から話題を振らず、投げかけられた質問に答えることしかできないのは、コミュニケーションにまつわるコストを女性にずっと丸投げしてきたことの表れかもしれない。失礼なメッセージを平気で送れてしまうのは女性を下に見ているからかもしれないし、女性を性的な対象としてしか見ることができないのは内面化されたミソジニーゆえかもしれない。自慢話がコミュニケーションだと思い込めるのも、自分のことは棚に上げて女性の外見を上から目線でジャッジできてしまうのも、結婚したら妻に家事育児を担ってもらうのが当たり前だと思えるのも、男だって年を重ねれば生殖能力は下がっていくのにその可能性を1ミリも考えないのも、この男性優位社会の中で育まれてきた習慣や価値観によるものではないかと、私には思えてならない。

にもかかわらず、婚活市場では〝結婚できない女性〟ばかりが責め立てられる。本作の主人公がそうであるように、「我慢しろ」だの「贅沢を言うな」だの、「褒めろ」だの「傷つけるな」だの、「痩せろ」だの「男受けする服装にしろ」だの……全方向的な努力を求められた挙げ句、それができない場合は説教のサンドバッグにされる。なぜ自由を手放さなければならないのか。なぜ会話の弾まない相手と無理やり仲良くしなければならないのか。なぜ結婚できないことが女性の自己責任になってしまうのか。同じ「婚活」というゲームに参加しているように見えて、男性と女性の間にはイージーモードとハードモードくらい露骨な設定の差が存在しているようにしか思えない。しかも主人公は男性のリアルな実態を見抜く鋭い観察眼を他ならぬ自分自身にも向けていく。そこには「世間の常識」やら「既婚者の経験則」といった内外からの圧力も加わってくるため、自分に対してもときに異様なほど厳しい言葉を投げかけてしまう。こうして冒頭に挙げたような激しい往復運動が発生し、ハイカロリーな言葉がハイテンポでつづられていく——。

そのようにして生まれたのがこの小説だとするならば、最も読むべきは、家父長制的な社会の中で様々な恩恵を享受している我々マジョリティ男性ということにならないだろうか？

だから私は本作を男性たちに強くオススメしたい。でも、もしかしたらこの小説はもうそんな次元にはないのかもしれない、とも思う。確かにこれまでの南作品にも、男性が〝鏡〟として読むべき点は多々あった。それこそ本作の元となっている『婚活1000本ノック』（2014年、新潮社）がそうだったし、『ぬるま湯女子会、38度』（2016年、双葉社）もそうだったし、『知られざるわたしの日記 ベテラン処女の最後の一年』（2017年、双葉社）もそうだったし、『ダイエットの神様』（2019年、双葉社）もそうだった。しかし本作の到達点はこれまでの作品と明らかに異なっている。それは『結婚のためなら死んでもいい』というタイトルにも表れているように、問題の行き着く先に〝死〟が見据えられているという点だ。

孤独死が怖いとか、いろいろ上手く行かなすぎて「死にたい！」と叫ぶとか、そういう文脈で死が出てくることはこれまでの小説でもあったように思う。本作の前半にもそういった場面が登場する。しかし物語は「弟の死」をきっかけに様相が変わる。それは突然の転調とでもいうような変化だ。母親からのメールで弟が亡くなったことを知り、主人公は地元の名古屋に帰省する。激しく動揺し、なかなか現実感も湧いてこないのだが、一方で〈変わり者で、自分の胸のうちを全く明かさず、計り知れないようなところが多分にあった〉弟が、〈急に何も告げずに姿を消すだろう〉という予感を〈いつの頃からか、無意識のうちで覚悟していた〉ことを明かす。そしてそれは弟だけでなく、自分にも当てはまることだとほのめかす。


そこまで考えて、ふと思う。

あんな変わり者だったけれど、本当は誰かに、理解してほしかったのかもしれないと。

でも、自分を理解してくれる人なんか一人もいないといつしか悟って、少しずつ絶望していったのかもしれないと。

何もかも、見えていたのだと思う。未来が。誰とも理解し合えない未来。希望も何もない。生きていても、素晴らしいことは一つも起こらない。

（中略）弟もかつては、何らかの夢を見ていたかもしれない。でも、あの子は。頭がよすぎて、矛盾が見えすぎて。もう何年も前から、この世界には夢も希望もない、と見切ってしまったのではないか。

誰ともわかりあえない。幸せも愛も希望もただの執着で、何ももたらさない。生きるとは、ただ時間の流れにのるだけのこと、意味はない。何もない。疲れたら、いやになったら、死ねばいい。

その感覚は、わたしの中にも多少はあるものだ。

（南綾子『結婚のためなら死んでもいい』2021年、新潮文庫）

この、なんと表現したらいいんだろう、乾いた諦観というか、沈殿した〝死にたみ〟というか、絶望と紙一重の無常観のようなものが息づいていたことを知り、それまでの主人公（もっと言えば南さん本人）に対する見方が、静かに、しかしドラスティックに変化したような感じがあった。虚無や孤独が極まってしまったら自分も弟のようにあっさり死んでしまうかもしれない——。そういう感覚があるからこそ逆説的に〝生〟への執着が発生しているのではないか。婚活の目的はいい男を見つけることなんかじゃ全然なくて、実は死なないために生のエネルギーをボンボン燃やし続けることなのではないか。そう考えると、『結婚のためなら死んでもいい』というタイトルがにわかに意味深なものに感じられてくる。本作はどうしても「婚活に行き詰まったアラフォー女性のドタバタ劇」のように見られてしまう節があると思うし、作中で何度も主人公が説教をされていたように、「己を見つめ、現実と折り合いをつけ、身の丈にあったパートナー探しに邁進せよ」と主人公に助言したくなってしまう人も少なくないはずだ。

しかし本作は、そんな〝婚活小説〟の次元をとっくに超えていて、「死とは何か」「生きるとは何か」「運命とは何か」といった哲学的な問いを読者に突きつける重厚な物語になっていると、私には感じられてならない。「そんなことはいいから素敵な男を紹介してよ」って、主人公には言われてしまうかもしれないけれど。

「作る女」と「食べる男」にかけられた呪いの重さは絶対に違う
――ジェンダーの呪縛に満ちたニッポンの食卓

おいしさは恋で栄養は愛だ――。遠藤彩見『二人がいた食卓』の主人公・泉《いずみ》は、夫の旺介《おうすけ》に食事を用意しながら日々そんなことを思う。薄味で多品目、野菜と魚中心で脂は控え目という健康食の泉に対し、旺介は味の濃いものや脂っこいものを好み、いわゆる〝ファミレス舌〟を自認している。二人は食の志向がまるで正反対だ。恋人時代はそれでも旺介に喜んでもらおうと〈味付けが濃くてご飯が進むメニュー〉を作ったりもしていたが、結婚してからは相手の健康を考え、身体に優しい献立を意識している。しかもそれは、旺介の好みを踏まえた上でヘルシーに調理するという工夫の凝らしようだ。

生姜焼きに使った豚肉は熱湯で脂を抜き、タレに使う砂糖はカロリーゼロの甘味料に変えた。今、旺介が箸を伸ばしたポテトサラダはマヨネーズを豆乳で薄めて使っている。大きく味は変わっていないが、多少さっぱりした味になった。

しかし、旺介はその〝愛〟を段々と鬱陶しがるようになっていく。あっさりした食事に物足りなさを感じ、ご飯にソースやマヨネーズをかけたり、夜中にコンビニでホットスナックを買ったり、残業にかこつけて後輩とラーメンを食べに行ったりする。しまいには泉の手料理をこっそり捨てるという暴挙に出るのだが、それは脂っこいもので胃がもたれ、作り置いてもらった夕食を残すようになった結果だった。こうして食のすれ違いをきっかけに夫婦仲に亀裂が生じ、やがて埋めがたい溝にまで広がっていくのがこの小説のあらましだ。

なぜ泉はそこまでして旺介に料理を作るのか。なぜ食事を共にすることに強くこだわるのか。好みや志向が正反対なのだから無理に合わせることはなく、互いに食べたいものを食べればよいのではないか……。そんな風に感じてしまう部分も正直なくはない。実際に旺介もそう考え、泉に食ってかかるひと幕もある。私もファミレス舌なので気持ちは痛いほどわかる。

しかし、である。食というのは単に空腹や欲望を満たすだけのものではない。「We are what we eat.（私たちは私たちの食べたものでできている）」という慣用句があるように、食は生命の源であり、健康の土台だ。個々人の生育歴とも関わってくるし、コミュニケーションを積み重ねる場でもあるし、家族のあり方を左右する重要なファクターでもある。また、味覚や感性を育むという点で教育の問題でもあるし、エンゲル係数などに関わる経済の問題でもあるし、環境への負荷やサステナビリティなんかも視野に入れれば政治的なスタンスや思想信条といったものまで含まれてくる。まとめて言えば「価値観」となるのかもしれないが、食をめぐるすれ違いには無数の要素が関与しており、決してひと筋縄ではいかない問題なのだ。

家庭は食卓だ。成長の糧を食べ終えるまで中座は許されない。旺介はおそらく平穏で明るい食卓を囲んで育ってきただろう。泉は違う。父が君臨する食卓で姉と身を縮め、次は何を突きつけられるか絶えず緊張を強いられてきた。

無視という苦味、八つ当たりという塩味、怒声という辛味。たまの気まぐれで愛着という、歯が痛くなるほどの甘味を押しつけられる。母はといえば暴力という激辛味にさえ「しつけ」「愛情」とそぐわない名をつけ、娘たちをさらに混乱させた。

それらを飲み込みながら成長してきた。

（以上、遠藤彩見『二人がいた食卓』２０２０年、講談社）

泉の背景には、かつて不機嫌な父が支配していたシビアな家庭環境があった。だから食事をともにし、家族の結びつきと心身の健康を確かなものにしていこうと頑張る。しかし同時に、食を通じて相手に干渉し、相手に正義を押しつけ、相手を支配しようとする部分も少なからずある。努力は空転し、夫はますます遠ざかっていく。それらは表裏一体の問題だが、〝妻〟や〝嫁〟というジェンダー役割を愚直に引き受け、「こうあらねば」「こうしなくては」と規範意識にがんじがらめになっていく泉に対し、「考えすぎ」だの「こだわりすぎ」だのといったことをはたして言えるだろうか？

一方、旺介のつらさや息苦しさもよくわかる。好きなものを好きなときに好きなだけ食べられないのは確かにストレスだろうし、若く丈夫な身体で健康のことを細かく案じられてもいまいちピンと来ないような気もする。さらに旺介は物語の途中、人生観が一変するような出来事も体験する。そういうなかで、泉が支配する食卓から逃げ出したくなったのも無理はないようにも思える。

タイトルが示しているように、結局ふたりの食卓は過去形のものになってしまう。それはある意味で仕方のないことだし、どちらが悪いとは言えない。でも「作る女」と「食べる男」にかけられた呪いの重さは絶対に違うと思う。

この小説を読んでいる間、私の脳内には竹内まりやによる往年の名曲『家に帰ろう（マイ・スイート・ホーム）』がずっとリピートしていた。サビには「冷蔵庫の中で／凍りかけた愛を／温めなおしたいのに」（作詞／作曲＝竹内まりや）というフレーズが登場する。昔から何度も聞いたことのある馴染みの歌詞だったが、〝冷蔵庫の中で凍りかけた愛〟って、そうか、実際こうやって凍っていくのか……と、本作を読みながら何度もゾッとするような気分になった。家族のあり方と社会のあり方はどこかで確実につながっている。ジェンダーの呪縛に満ちたニッポンの食卓は、いつだって私たちのすぐ隣にあるのだ。

身体的な性差がテクノロジーによって解消されたとしたら？

ジェンダーとは「社会的・文化的に形成された性差」を意味する言葉だ。常識や教育、周囲からの扱われ方やメディアが発するメッセージなど、様々なものの影響を受けながら後天的に形成されていく性別というイメージで、いわゆる「男らしさ」「女らしさ」、およびそこから派生している規範意識や役割分業などがそれだ。

でも、その〝らしさ〟の元になっているものは何かと問うと、結局のところ身体的な差異ではないかと見る向きもある。いわゆるシスジェンダーの男性と女性では生殖にまつわる機能が異なるし、個体差はあれど、全体で見れば明確な筋力差や体格差も存在する。だから女は男に守ってもらわないといけないし、子育ては女の仕事、力仕事は男の役割と大昔から相場が決まっているのだ――と、社会に流布している男女差を理に適《かな》ったものとして肯定する声も根強い。でもでも、じゃあ、その身体的な性差がテクノロジーによって解消されたとしたら？

山崎ナオコーラ『肉体のジェンダーを笑うな』は、そんなテーマ性を持つ４つの作品からなる小説集だ。医療の進歩によって男性でも母乳が出せるようになった世界を生きる夫婦の物語「父乳《ふにゅう》の夢」。機械を装着することで筋力差がなくなり、性別による役割分業が問い直されていく「真顔と筋肉ロボット」。性差への理解を深めていったら月経が訪れるようになった男性の変化を描いた「キラキラＰＭＳ（または、波乗り太郎）」。顔認証システムの存在がルッキズムの呪いを解きほぐしていく「顔が財布」。どの作品にもジェンダーギャップを埋めるための技術や道具が登場し、ユニークなＳＦのようでありながら、すぐそこまで迫っている未来を描いているような、そんな不思議な手触りがある。それはおそらく、本作の扱う問題がこの現実世界と直結しているからだろう。

例えば「真顔と筋肉ロボット」には、幼い頃から「女の子は小柄で非力」「重い荷物は男の人に持ってもらえ」「そのためには愛嬌や挨拶、感謝の言葉が大事」といった教えを親からひたすら受けて育った笹部紬《ささべつむぎ》という女性が登場する。彼女はそれを愚直に実践し、力仕事を進んで担ってくれる〝優しい〟伴侶を得るに至るのだが、一方でモヤモヤした思いをずっと抱えている。

相手の筋力を尊敬し、経済力に感謝し、自分にはその力がないと何度も何度も思わなければならない。かわいげを出さなければならない。頭を撫でてもらわなければならない。それが人生なのか。

そして紬はある日、たまたま広告で見かけた「筋肉ロボット」に心惹かれ、通販で購入する。それを身につけるや否や、それまで夫に頼まなければいけないものと思い込んでいたウォーターサーバーのボトル交換を楽々とこなし、手の届かなかった蛍光灯の笠の掃除も一人でできるようになった。こうしてテクノロジーによって力を手に入れ、自由と仕事を取り戻し、それが尊厳の回復につながっていく。この流れは別の作品にも共通しており、女性たちの解放の物語になっているのが本作のひとつの特徴だ。

一方、男性たちにも様々な変化が起きる。紬の夫・健《けん》は当初、筋肉ロボットに対してネガティブな印象を抱いている。重い物を持つことは苦じゃない、君がやる必要はないし、遠慮なく僕を頼ればいいと妻に冷や水を浴びせるのだが、やがて「自分が必要とされなくなるのが寂しかった」ということに気づき、今後は自分が楽しいことをやればいいのだと悟る。これは健にとって性別役割意識の解体であり、ジェンダーの呪縛から解放されていく姿が興味深い。

また、「父乳の夢」に登場する哲夫《てつお》は、元から「お父さんになりたい」という強い思いを持っており、育児にもフルコミットしている男性だ。しかし一方で、自分が出産や授乳のできない性別であることにコンプレックスを抱いている。その解消にひと役買ったのが、ホルモン剤の注射や服薬によって乳房を発達させ、男性からも乳が出るようになるという医療技術だ。父乳育児を始めた哲夫は自信をつけたり母親の気持ちを追体験したり、落ち込んだりプライドを肥大化させたりしながら様々な変化を経験し、親としての意識や心構えを育てていく。

「出産や授乳で絆を作ろうなんて、そんな甘いことを考えちゃだめだったね。他のことで絆を……、いや、絆なんていらないんだ。毎日おむつを替えて、一緒に出かけて、周りに挨拶しようとして、うまく挨拶できなくて一緒に泣いて、転んで怪我して、（中略）失敗したところに寄り添って、みんなに置いていかれても信じて、待って、じっくり話を聞いて、なんとなく親になっていくのかもしれない」

（以上、山崎ナオコーラ『肉体のジェンダーを笑うな』２０２４年、集英社文庫）

タイトルにもある「肉体」は性差を決定づける根拠のようにも思えるが、もしもテクノロジーによってそこに変化が生じたら、性差というものはどうなっていくのか――。そんな思考実験を通じて見えてきたのは、ジェンダーとは決して絶対的なものではなく、グラデーション的でいくらでも揺らぐし変わるし、利用したりしなかったりすることもできるし、そもそも男女の二元論すら怪しい、自由で気軽で適当なものなのかもしれない……ということだ。紬は筋肉を手に入れたことで人生の可能性が飛躍的に広がり、哲夫は父乳によって育児への考えが二転三転し、そういうなかで子どもと一緒にもがいていくことで親になるのだと悟った。「キラキラＰＭＳ（または、波乗り太郎）」の太郎《たろう》に至っては、何ごとにおいても冷静かつフラットに対峙《たいじ》すべしという哲学が大きく更新されることになる。生理やＰＭＳ（月経前症候群）を身体的に経験したことにより、上下左右に揺れ続ける往復運動のなかを生きることが人生なのだと思うに至る。

こうしてそれぞれが「男女」から「個人」へと変化していく姿に、とても感銘を受けた。もちろんジェンダーの呪縛はなかなか根深く、事実、本作では一度も「男性」「女性」という言葉が使われていないにもかかわらず、私はその名前や言動によって登場人物の性別を勝手に決めつけてしまっていた。呪縛からの解放は決して簡単なことではないけれど、それらと格闘した先に見えてくるのが個人としての「私」なのかもしれない。

こんなところにも家父長制?
——日常に侵入するショート動画

〝ずぼらママ〟による「褒められレシピ」

何もやる気が起きないときに、仕事が行き詰まったときに、変な時間に目が覚めてしまったときに、ふとスマホに手を伸ばしてSNSのアプリを開く。XでもInstagramでも、最近は流れてくるショート動画に目を奪われてしまうことが多い。AIがなんらかのアルゴリズムに基づいてサジェストしてくるそれらのショート動画は、内容は様々だが大体が1分以内の長さで編集のテンポも軽快で、次から次へと眺めていくうちに平気で1時間くらい経ってしまう恐ろしいものだ。

そこでよく見かけるものとして、例えば「ずぼらママ」を自称する女性アカウントのレシピ動画がある。専業主婦の場合も共働きの場合もあるが、基本的にはみんな忙しく暮らしていて、日々の料理をどれだけ効率化していくかという点に重きが置かれている。時短やコスパを追求するそれらの動画では、炊飯器や電子レンジに入れるだけで完成するレシピや、フライパン上で完結する〝ワンパン〟料理、あるいは浸しておくだけで肉や魚がおいしくなる〝魔法の液体〟など、手軽に試せて動画としても映《ば》えるノウハウが目白押しで、仕事と双子育児に追われる自分にとって参考書のような存在だ。

その一方で、そこで用いられている言葉に引っかかりを感じる瞬間も少なくない。例えば安価で高タンパクの鶏ムネ肉は人気の食材だが、そのレシピのタイトルとして「旦那に褒められたしっとり蒸し鶏」「夫ウケ抜群のワンパン油淋鶏」「息子のご飯が一瞬で消えた鶏の甘辛炒め」みたいな表現がよく用いられているのだ。私も大いに真似させてもらっており、安くて簡単で本当にありがたい。双子たちもモリモリ食べてくれる。だからケチをつけたいわけでは全然ないのだが、手軽でおいしいレシピのタイトルに、なぜそのような言葉が〝あるある〟のように用いられているのか……。おそらくそれは、旦那や息子からの高評価がレシピ動画としての売り文句になるからで、実際にこの系譜は「褒められレシピ」としてひとつのジャンルを形成している。

なんで？　どうして？　食ってるだけの旦那と息子、与えられてるポジション高すぎじゃない？　そもそも時短やコスパを追求せざるを得ないのは、みんな毎日の仕事や生活で忙しく、また金銭的にもそんなに余裕があるわけではないからだ。そういうなかにあって、できるだけ安く、手軽に、おいしくご飯を作りたいという工夫の結果としてこれらのレシピは存在しているはずだ。炊飯器や電子レンジを上手に利用すれば複数の料理を同時並行で作れるし、ワンパンレシピには洗い物が減るというメリットもある。パサつきがちな鶏ムネ肉をしっとり仕上げてくれる〝魔法の液体〟は、水と塩と砂糖のみで作れるため安価で大変ありがたい。そういう知恵と努力の上に成り立っているレシピに「うまい」とお墨付きを与える旦那と息子は、一体どれだけ偉い立場なのか。

さらにさらにその上に、それを提供する側のママたちがなぜか〝ずぼら〟を自称している……。これはつまり、料理を機械に任せることを、ワンパンですべてを済ませることを、手頃なお肉を裏技で柔らかくすることを、〝手抜き〟や〝サボり〟のような感覚で捉え、「それはちゃんとしたママのやることじゃない」と考えているがゆえのものだろう。単にSNSで受け入れられやすくするための手立てであって、本気でそう思っているわけではないかもしれない。でも、時短や節約のための工夫がなぜ〝ずぼら〟と表現されなければならないのか。こういった見せ方が一定の共感を集めてしまうのはなぜなのか。〝ずぼらママ〟による「褒められレシピ」の背景には、家父長制的な価値観の影響がきっと関係している。

思春期男子にも浸食する〝男磨き界隈〟の世界

ショート動画は蟻地獄だ。あまりに巧妙にできているため、ひとたび足を踏み込むとなかなか抜け出すことができない。見れば見るほどAIにこちらの内なる欲望を読み取られ、「お前はこういうのが好きなんだろ?」という感じで類似動画がどんどん流れてくるようになる。そしてまんまと眺め入ってしまい、ますます流れてくるようになったもののひとつに〝男磨き界隈〟なるジャンルのショート動画がある。

これは筋トレやナンパ、美容に禁欲、読書に自己啓発など、様々なアクションを通じて身体やメンタルの鍛錬を推奨していく一連の動画群で、発信者の男性アカウントは総じてオラついた空気を放っている。今の時代に求められる男らしさはこうだ、だから努力してそれらを身につけ、美女を抱け、金を稼げ、いい車に乗れ――と、そこで発せられるメッセージはいかにもマッチョだ。モテるための行動指南は昔から定番のコンテンツで、出版の世界でも「モテ本」というジャンルが根強い人気を誇っているし、YouTubeでも検索すれば各種のモテテク動画がごろごろ出てくる。だから別段新しい現象というわけではないが、あらゆる言葉が断言口調で、編集のテンポがやたらと速く、極論めいたロジックで見る者の不安を煽り、「お前がモテないのは努力してないからだ」と自己責任論を展開していくようなところには、極めて現代的な何かを感じる。

これらを意識するようになったのは、2024年初頭にXでバズった「メンズコーチ」を名乗る男性アカウントのショート動画がきっかけだった。「スポーツ経験がない男／部活に入った経験がない男／俺ガチで危機感持ったほうがいいと思う／ガチで危機感持ったほうがいい／それこそがお前がどうあがいてもモテない理由だと思う」という言葉で始まるその動画は、著名なインフルエンサーに引用されるなど瞬く間に拡散。そのメッセージは賛否両論を含め大きな話題となり、「厳しいって」というフレーズがネットミームと化すなど、発信者自身もSNS界の有名人となっていった。桃山商事メンバーの佐藤がこうした発信者たちを〝男磨き界隈〟とくくり、Podcast番組で特集を組んだところ、想像以上に大きな反響があって驚いた。とりわけ衝撃的だったのは学校の保健室に勤務しているという女性リスナーさんからのお便りで、そこには思春期まっただなかの男子たちが、一連の動画に強い影響を受けている様子が描かれていた。

ショート動画の目的はアクセス数を伸ばすことで、速いテンポも、語気の強さも、極端なロジックも、再生回数を稼ぐためにPDCAサイクルを回し続けた結果として行き着いたものだろう。数字が収益や知名度に直結する構造である以上、発信者がそれを志向するのも無理はない。しかし、そうして発せられたメッセージが、我々の日常にすいすい入り込んでいることを思うとにわかに恐ろしくなってくる。「金持ちな人生と貧乏な人生、どっちがいい?」「モテて美女を抱きまくるか、モテないまま一生オナニーし続けるか」「色気や清潔感のある男と、臭くて不潔なブサイク、どっちになりたい?」など、〝男磨き界隈〟の動画は極端な二択を提示して不安や欲望を煽り立てる。「女の言うことは聞くな。言いなりになったら一生ATM扱いされるだけ」「牛丼やファストフードばっか食ってるからお前はデブなんだ」「背の低い男は全員キモい。だから絶対に身長は盛れ」など、ミソジニーやルッキズムの色合いも非常に濃い。筋トレも、おしゃれも、自己啓発も、それ自体はなんら悪いことではないはずだ。身体を鍛えることで自信がついたり、読書することで思考がクリアになったりすることは大いにあるし、個々人の幸福を考える上でも大事なものだと思う。しかし、それらがすべて「美女を抱くため」「男同士の競争に勝つため」の努力として打ち出されている点には疑問しかない。

この世は歴然たる競争社会で、そこで勝つためには〝男らしさ〟を磨くことが必須である。トレーニング方法、ナンパ術、男性美容、ファッション指南など、あらゆるノウハウはすでに流通している。それなのに努力しないやつが多すぎる。女は力のある男に惹かれる生き物で、格下と見なされたら一巻の終わり。金と女は勝った者にしか分配されず、敗者はすべて自己責任。それがこの世の仕組みであり、四の五の言っても仕方がない。貧乏でモテない一生を送りたくなかったら、今すぐ行動を起こすべし――。

そんな〝男磨き界隈〟の主張は、悲しいかなこの社会において珍しいものではなく、それどころか受け入れられやすいものですらある。というのも、「強者男性が支配権を有する」という家父長制的な世界観、女性をケアとセックスの役割に押し込めようとするミソジニー的なジェンダー観、能力主義や自己責任論をベースとするネオリベ的意識……など、この社会に蔓延し、多くの男性たちが内面化してしまっている価値観がブレンドして形成されているのが〝男磨き界隈〟のメッセージだからだ。先に紹介した「メンズコーチ」は別の動画で、小さくて細身で家庭的で、仕事をバリバリ頑張っていないような女性が好みのタイプだと語っていた。わざと言ってるのかと思うくらい〝いかにも〟な感じである。こういった価値観をスマホ経由で日常に侵入させてくるのがショート動画の恐ろしいところで、思春期の男子たちに家父長制やミソジニーがしっかり受け継がれてしまっている現実を思うと、なんだか重たい気分になってくる。

家父長制に傷つき、家父長制にしがみつく男たち

そもそも、家父長制とはどういうものなのだろうか。辞書的には「家長が、家長権に基づいて家族員を支配し、服従させる家族形態」(『スーパー大辞林』)と定義されるそれは、日本の社会に連綿と続いてきた風習のようなものだ。元々は家の存続や財産の相続を目的に浸透していったもので、明治時代に制定された民法では「家制度」として定められていた。そこでは家長に絶対的な権限があり、それを長男が継いでいき、次男や三男、また妻や娘は家の〝所有物〟という扱いだ。家族の秩序は小さなピラミッド構造で保たれ、それが積み重なって地域や社会となり、その頂点には為政者としての天皇が君臨する。封建的かつ中央集権的なこの制度は戦後の民法改正で廃止されたものの、慣習としての「家」は今なお根強く残り、女性に家事育児を担わせる性差別的な役割意識もまだまだなくなったとは言えない。

そんな家父長制は、確かに現在、目に見える制度としては存在していない。だからその言葉を意識したことすらない人も少なからずいるとは思う。しかし、法律やシステム、常識や風潮、教育や規範意識など、社会のあまねくところに染みこんでいるのが家父長制の恐ろしいところで、そういった土壌の上で私たちは日々を暮らしている。つまりこれは、この社会で生きる誰もが無関係ではいられないものであり、とりわけマジョリティたる〝一般男性〟にとっては、それに対する無知や無自覚が様々な問題を引き起こしてしまう……そのようなものではないかと私は考えている。

（仕事文脈編集部『家父長制はいらない』２０２４年、タバブックス）

私は以前、家父長制をテーマにした論考集に「その家父長制は誰のため？——マジョリティ男性に必要な学びとレジスタンス」と題したエッセイを寄稿し、そこでこのようなことを書いた。家父長制は老若男女すべてに降りかかる問題だ。例えば〝ずぼらママ〟が自虐のベールをまとわざるを得ないのは、おそらく女性たちが「よき妻であれ」「よき母であれ」という圧力にさらされているからだろう。家族のご飯は心を込めて作るべし。できるだけ良質な食材を使い、しっかり手間暇をかけて料理すべし。もちろん家計への負担はなるべく抑えるべし——。そんな見えざる圧力が降りかかるなかでは、時短や裏技に〝やましさ〟のような感覚を抱かされてしまっても不思議ではない。でも毎日の暮らしはせわしなくて余裕もなくて、時短や節約のテクニックを駆使しないことには回っていかない。それで「怠慢なのは自覚してますよ」「だから許してね」と予防線を張らざるを得ないのが〝ずぼらママ〟の置かれている現実ではないか。

その反対側には、「うまい」と褒めたことに、ご飯を何杯もおかわりしたことに、社会的な価値が付与されてしまう夫や息子たちがいる（不思議なことに、こういう文脈で見かけるのは娘より息子のほうが圧倒的に多い）。同じ時短や裏技を紹介するレシピ動画にしても、発信者が男性の場合は〝ずぼら〟なんて表現は絶対に出てこない。それどころか、男性発信者のレシピは〝作品〟や〝エンタメ〟とすら見なされており、バターやチーズをふんだんに使ったり、高級なお肉に高級な塩を振ったりして見る者の食欲を刺激していく……。このえげつない差は間違いなく家父長制に起因するものだろう。

しかし一方で、〝男磨き界隈〟のような世界からは家父長制が生み出す別の景色も見えてくる。そこは苛烈な覇権争いの場で、「生まれ」ではなく「能力」や「結果」によって家長の座を奪い合っている。「女にモテたければこうしろ」と、そこで語られる諸々はさも〝対女性〟の術《すべ》のように紹介されているが、実態としては男同士の争いに他ならない。そこでは男が男を煽り、男が男に傷つけられている。そして、そのケアや手当てが女性に求められていく……。本家では権力を得られなかった次男や三男が分家を作り、そこで小宇宙の長になっていくのが旧来的な家父長制の習わしだったが、なんともそっくりな構図ではないか。

上野千鶴子『家父長制と資本制――マルクス主義フェミニズムの地平』（２００９年、

岩波書店）には、家父長制における性差別の構造が克明に記されている。また、信田さよ子『家族と国家は共謀する――サバイバルからレジスタンスへ』（2021年、角川新書）は、ブラックボックス化された家族という領域で起こる暴力や搾取の実態を露わにした一冊だ。そこからは、「男は強くあれ」「勝つために努力せよ」「負けたら自己責任」といった（自縄自縛の）規範に傷つき、その手当てや癒やしを女性たちから調達しようとする男の姿が浮かび上がってくる。また、「女はこうあるべし」という規範から逸脱した女性たちに与えられる陰湿な〝罰〟の実態もリアルだ。

ああ、それでも流れてくるショート動画をスワイプする指が止まらない。道行く少年に声をかけ、欲しいものを買い与えて喜ばせるお金持ちのインフルエンサー。駅で怪しげな動きをしている人に目をつけ、痴漢や盗撮の瞬間を押さえて〝私人逮捕〟する男性YouTuber。格安が売りの性風俗をめぐり、担当女性の外見やサービスをバカにしながら品評する男性ユニット。浮気をした女性が痛い目に遭う動画、女性の政治家を貶めようとする切り抜き動画、「世帯年収が低そうに見える子どもの服装7選」動画……。どれもすごい再生回数で、だからこそ「おすすめ」として流れてくるのだろう。もちろんそこには無数の、そして多種多様の動画があり、ここで紹介したのはほんの一部の事例にすぎない。でも、ひとたび意識してみると、家父長制的な何かがそこかしこに息づいていることに気づく。与える男、守る男、ジャッジする男……。本人たちがどこまで意図しているかはわからないが、女性や若者をダシにそういう男性像を演出する構図になっているのは確かだ。そしてミソジニーの快楽が数字につながっているのも間違いない。

家父長制＝前時代的な価値観というイメージがあるかもしれないが、資本主義的なロジックとも、新自由主義的なマインドとも容易く手を結んでしまうそれは、今なお現在進行形で社会に広まり続けているものですらある。家父長制は性差別を内包し、個人の自由を抑圧し、搾取や暴力を誘発するものだ。それにもかかわらず、無自覚なまま家父長制から恩恵を受け、家父長制の圧力にさらされ、家父長制に傷つけられ、家父長制に過剰適応し、家父長制の温存に加担し続けているのがマジョリティの男性たちなのかもしれない。ショート動画は刺激が強くてテンポもよくて、ついつい見てしまう。それは多分、個人の努力だけでは止められない。でも、それらを通じて家父長制的な価値観が日常に侵入してくることにはなんとか抵抗していきたい。特に、若い世代にそれらを引き継がせてしまっている現状などは手をこまねいて見ているわけにはいかないものだ。そのために俺たちはどう生きるか。男らしさのゆくえを占う上でも、その視点は不可欠なものだと私は思う。

育児と男性性
——弱きものへの応答責任(responsibility)

泣きやまない赤子と高田馬場の街並み

2019年11月13日、私たち夫婦のあいだに双子の女の子が誕生した。帝王切開による出産で妻と赤子たちはそのまましばらく入院し、初めて自宅にやってきたのは11月19日の午後だった。病院では夜間、ナースセンターで赤子を預かってくれるシステムになっていたため、それまでは準備期間のような感覚があり、「ここからが本番だ……」と、楽しみ半分、不安半分といった心境で育児が始まった。

子育て2日目の深夜、私は泣きやまない赤子を抱えて途方に暮れていた。まだ帝王切開の傷がしんどそうな妻を起こさないようベランダへ出た。家は高田馬場駅から徒歩7分のところに位置する古いマンションの4階にあって、夜景が一望できるというほどでは全然ないが、ルーフバルコニーからは高田馬場の街並みや目白の高台、池袋にあるサンシャイン60などが見えた。生後1週間の赤子を抱えながらその景色を眺めたとき、私は突如「とんでもないものを授かってしまった……」という気持ちになった。呆然とし、しばし動けなくなってしまったほどだ。

腕の中では体重3キロにも満たない赤子が泣いている。私たち夫婦は前年に妊娠16週の胎児を死産で亡くしていたこともあり、お腹の中で順調に成長し、無事に産まれてきてくれたときは、その生命力のたくましさに感動したものだ。しかし、改めて子育ての責任者として対峙してみると、それがものすごく儚いものに感じられてくる。この人たちは自分で栄養を摂取することもできず、しばらく放置されれば生命の維持すら危うくなってしまうほど無力でか弱い存在だ。表現手段もさしあたって「泣く」くらいしか持っていない。

一方、目の前に広がる街にはたくさんの家やビルがあり、人々が暮らしたり働いたりしている。世界には様々な人がいて、人生には様々なことが起こる。この人たちはこれから、そういった営みに必要なことを一つひとつ身につけていかなければならない。私がベランダで呆然としてしまったのは、その恐ろしいほど途方もない距離の遠さと、親としてそこに関わり続けていくことの重みを、無意識に感じ取ったからではないか。

それでも赤子は泣きやまなかった。ベランダを吹き抜ける心地よい夜風も効果がなかった。断続的に泣き続けてすでに4時間くらい経っていたと思う。私は締め切りを過ぎた原稿を抱えており、さらに翌日はトークイベントの打ち合わせがあり、それまでに見ておかねばならない映像作品があった。このまま朝まで徹夜かも……。眠ることを諦めた私はリビングに戻り、揺れるベビーバウンサーで赤子をあやしながら仕事を始めた。

寝不足は人の思考を狂わせる。「正常な思考」というものがあるのかはわからないが、私の場合は寝不足になると謎の被害者意識に支配され、他者を恨めしく思う気持ちや、自分に都合のいい発想や解釈がポンポンと湧き起こる。「いやいや、それはないでしょ」というブレーキが利きづらくなる。このとき、泣き続ける赤子に疲労困憊《こんぱい》していた私は、頭の中で「子どもは泣くのが仕事っていうし、こうして泣き続けることで肺や腹筋が発達するのかも」と極めて身勝手なことを思った。だったら無理してあやすことはない、自然と落ち着くまで横で仕事をしていよう……と、パソコンにイヤホンを差し、泣き声がかき消えるくらいの音量で動画を見始めた。それは『みんな我が子（原題：All My Sons）』という、アメリカの劇作家アーサー・ミラーが1946年に書いた演劇作品だった。

ところが映像を見始めて4分も経たない内に、ものすごい罪悪感に襲われた。横で泣き顔を爆発させている赤子を放置しておくことに耐えきれなくなった。そして私は「ごめんねごめんねごめんね」と言いながら抱っこを再開した。長時間泣き続けたことにより、赤子の声は心なしか嗄《か》れているようにも聞こえた。双子で比べると、泣いていたほうの子は今でも声がちょっとハスキーだ。このとき泣かせ続けてしまったことが原因ではないかと、私の中には申し訳なさのような思いが残り続けている。

「responsibility」が意味するところ

２０１６年から数年間、早稲田大学時代の恩師であり、英米演劇の研究者である水谷八也《はちや》先生と一緒に自主ゼミを定期的に開催していた。「見当識と素材を取り戻すための自主ゼミ」という名の、主に民主主義と基本的人権について学ぶ勉強会だ。双子が産まれた翌月に開催された自主ゼミでは責任を意味する「responsibility」という言葉が議題に上った。これは「response（反応・応答）」＋「ability（できる力）」から成る言葉で、つまり「応答する力を有している」こと、別の言い方をすれば「できることをする」が責任の本質であることを、私はそこで初めて学んだ。

そのときにふと思い出したのがあの夜のことだった。泣きやまない赤子を前に、私にできることはいろいろあった。抱っこする、おしゃぶりを与える、ベビーバウンサーで適度に揺らしてあげる、背中をさする、空気を変える、なでる、温める、子守歌を聞かせる、少量のミルクを飲ませてあげる——。もちろんいくつかは実践し、それでも泣きやんでくれないことに心が折れかけた果てのことではあったが、イヤホンで耳をふさぎ、大音量で泣き声を無視したあの4分間は、responseするabilityがあったのにそれをしなかったという意味で責任の放棄であり、もっと言えば、あのとき自分がしでかしたのはいわゆる〝ネグレクト〟というものではなかったか……と思うに至った。

応答する力とはなんだろうか。言葉もルールも文脈も持たない赤子たちと接するのはなかなか大変だ。ミルクや睡眠、オムツ交換の時間を記録し、生活のリズムを把握する。刻々と変化する様子を観察し、要求めいたものを感知したときはできる限り迅速かつ的確に対応する。そうやって赤子たちが生きることにつき合い続けていくしかないのだが、そのためには知識や家事能力、時間に体力、判断力や精神的余裕などいろんなものが必要になってくるし、安全で快適な環境を用意したり、子育ての必需品を揃えたり、適切な情報にアクセスしたりするためには、お金やリテラシー、人間関係資本といったものも欠かせない。赤子たちは日々成長していくし、それに応じて必要なものもどんどん更新されていく。昨日まで通用していた法則が今日はまったく使えないものになったりもする。そういう変化にだって対応していかなくてはならない。

私はあの夜、寝不足で体力や判断力が著しく低下していた。仕事に追われていたことで精神的余裕もなかった。「産後にはこういったことが起こりがち」という予備知識も十分ではなかったし、「夜泣き　止める方法」で検索してヒットした大量の情報を適切に選別するリテラシーも持ち合わせていなかった。傷が痛む妻の負担を減らしたいという気持ちや、泣いた赤子をあやしてあげたいという思いは確かにあった。でもそれだけで責任は果たせない。子育てというが、それは「育てている」というより、双子たちの一挙手一投足に反応・応答しているというほうが実態に近い。親になるというのはそれに必要な力を身につけ続けていくことではないかと、私は自主ゼミでresponsibilityの意味を学んだことでそう意識するようになった。

時短や合理化は重要なことだけど

拙著『よかれと思ってやったのに──男たちの「失敗学」入門』（2019年、晶文社）には、これまで桃山商事として見聞きしてきた「男性たちがやらかしがちな失敗」が収録されている。謝らない男たち、プライドに囚われる男たち、イキるくせに行動が伴わない男たち、何ごとも適当で大雑把な男たち、「ほうれんそう」が遅すぎる男たちなど、女性たちにとって〝あるある〟な男性像を20のタイプに分類。そしてその原因や背景を男性当事者として自己省察し、問題の構造をできる限り平易に言語化しようと試みたのがこの本だった。私はその執筆を通じ、こういった問題についてある程度は学習した……ようなつもりになっていたのだが、子育ての日々を通じ、自分の中には様々な課題がまだまだ根深く染みついているというシビアな現実を痛感した。

それは例えばこのようなことだ。生後しばらくは3時間おきにミルクをあげる必要があったのだが、熱湯で固形ミルクを溶かし、飲める温度まで冷ますのがなかなか大変だった。また双子のためほ乳瓶の回転率が高く、頻繁に煮沸《しゃふつ》消毒をしなければならないのも手間だった。一度の授乳には全体で30分ほどかかり、特に眠いときや仕事で立て込んでいるときなどはこの時間が負担に感じられた。そこで私はネット検索をし、ミルクを短時間で作る方法や、ほ乳瓶の簡単な消毒方法、授乳をハンズフリーでできる便利グッズなど、合理化のための情報や道具を次々仕入れていった。

ところがこれが妻に困惑や抵抗感を与えてしまった。もちろん限られた時間や体力の中で双子育児をしていくためにはある程度の合理化やショートカットが不可欠だが、彼女は現実の諸問題と直面した上で、赤子たちの様子も注意深く観察しながら改善や合理化の方法を探っていきたいと考えており、私のやり方がやや性急に映ったようだ。『よかれと思ってやったのに』の中には、使いもしない便利グッズや玄人向けの高機能アイテム、使いこなせないハイスペック家電などをやたらと買いたがる男性たちのエピソードがいろいろ収録されている。〈現実の生活に則し、実際に生じた必要性ゆえに購入するのではなく、まるでロールプレイングゲームにおける装備やアイテムのように、それを身につけるとあたかも自分がすごくなれるかのような「気分」に対してお金を払っている〉という意味で、私はそれに〝男のファンタジー消費〟と名づけた。

これが男性特有の問題なのかはわからないが、こういったエピソードが女性たちから大量に寄せられたことは確かだ。そして恐ろしいことに、本の中でその問題点や原因について当事者意識をもって考察したにもかかわらず、私は育児の場面で相も変わらず同じことを繰り返していたのだった。

時短や合理化の問題を掘り下げていくと、私の中に根づくある感覚に行き着く。それは自覚できる限り小学生の頃から存在している、「自分の時間とエネルギー＝すべて自分のことに使うもの」という感覚だ。

小学生の私はなかなか忙しい日々を送っていた。週3回は所属していた地域のサッカークラブへ通い、週1でスイミングスクールがあり、塾と書道教室にも行っていて、それ以外は隣近所の幼馴染みと遊んでいた。自分の時間とエネルギーはすべて自分に使う。掃除も洗濯も料理も、やらないし、やり方もわからないし、手伝うという発想すらなかった。受験生のときはすべてを勉強に費やし、大学生のときはすべてを自分探しに、社会人になってからはすべてを仕事に……といった感じでずっと生きてきたように思う。そこに受験の成功体験や新自由主義的な価値観が合体して〝生産性の呪い〟になっていったプロセスはこれまでのエッセイで紹介した通りだが、考えてみれば「自分の時間とエネルギー＝すべて自分のことに使うもの」なんて感覚がまかり通るのはせいぜい受験生までの話だろう。しかし、「志望校に合格する」「やりたいことが見つかる」「やった仕事が褒められる」と、結果につながればそれで許されてしまう男性特権的な風潮の後押しもあり、私は骨の髄までその感覚を内面化してしまっていた。

そういうなかで完全に育むことを怠ってきたのが「家事能力」だ。育児とはいわば家事の連続であることを痛感する。掃除に洗濯、料理に洗い物、さらには補充や準備といった〝名もなき家事〟も含め、ケアやメンテナンスにまつわる労働が絶え間なく続いていく。いくら「妻と平等に分担」という意識を持っていても、知識やスキルを持ち合わせていないと次々降ってくるタスクに追いつくことができない。私は社会人になって実家を出て、友達とのルームシェア暮らしなどを通じて少しずつ家事への意識やスキルを育んできた感覚がある。とりわけ結婚してからは妻に学ぶところが多く、今ではレシピを見ればひと通りの料理を作れるくらいにまでなったが、それでもabilityは不足している。システムの構築や「次に何をする」という差配は妻に頼っているのが現状で、平等な分担が実現できているとはまだまだ言い難い。

時短や合理化を志向するのも、何かと便利グッズに頼ろうとするのも、おそらくこういった背景から生まれている傾向だ。またそれらは、家事や育児をなるべく早く終わらせ、時間とエネルギーを少しでも自分のこと（仕事や趣味）に使いたいという思いの表れでもあると言わざるを得ない。寝かしつけの方法は「抱っこひもに入れて歩き回る」のワンパターンしかないし、スマホ片手の〝ながら育児〟をしてしまうことも多い。やりたいことがやれずにイライラしてしまう瞬間も多々ある。今はまだそれで通用するかもしれないが、「子どもたちが動き回るようになったら？」「病気になったときはどうすれば？」と潜在的な不安も無数にある。双子たちのことはどの瞬間もかわいいと感じるし、妻と連携プレーを深めていくことにも充実感を抱いている。それでも自分が根本的にはあまり変化していない気がすることを、私はどう考えればいいのかわからないでいる（この「根本からの変化」という発想自体がファンタジーなのかもしれないが……）。

responseするability、つまり「できることをする」が責任の本質だと先に述べた。しかし一方で、「親」という役割に付与されている権力はあまりに大きいとも感じる。大げさでなく双子たちに対する「生殺与奪権《せいさつよだつけん》」を握って（握らされて？）いる――。よく考えたらこれは結構恐ろしいことではないだろうか。

赤子たちは基本的に「ままならない」存在だ。機嫌よく過ごしてくれているときはまだいいが、なんらかの要求や不快感が生じると瞬時に泣き出す。自分がなぜ泣いているのか本人たちにおそらく自覚はない。だから「ミルクかな？」「オムツかな？」「眠いのかな？」「退屈なのかな？」と、こちらで探って対処するしかない。それがどんなタイミングでやってくるかわからないし、我々の事情や体力など当然ながらお構いなしだ。赤子たちは「being（＝いること、在ること）」しかしていない。これは計画性や生産性を志向し、努力やコントロールを是とする「doing（＝行為や実績）」の世界に生きる我々とは原理の異なる生き方だ。そこではすれ違いや不一致が頻繁に発生し、ストレスが溜まりやすい。生殺与奪権を持った状態でストレスフルな時間を過ごすのはなかなかに恐怖だ。それはすぐに「支配」や「暴力」といったものに接近してしまう。育児中の虐待がしばしばニュースになるが、親たちの気持ちが少し想像できてしまう。自分と地続きのものだと感じる。付与されてしまったパワーを行使しない努力もまた、親にとって重要な仕事だろう。

妻が完璧だと言いたいわけではないし、彼女だって様々なストレスを抱えながら双子たちと対峙しているはずだが、それでも彼女の育児を見ていると、「安心を与えたい」「健康を守りたい」と、関わり方のベースにケアの精神が息づいていることを実感する。それに比べると私は、もちろんケアの気持ちでやってはいるのだが、笑わせたい、びっくりさせたい、おもしろがらせたいなど、赤子に「刺激を与える」ことが関わり方のベースになっているような気がしなくもない（男性が赤子と接するとき、くすぐりや「高い高い」などで笑わせようとしがちなのも、こういった傾向と地続きのものかもしれない）。赤子たちの退屈を紛らわせるのももちろん大事な仕事だとは思うが、命を守る立場にある者としては、やはりそれだけでは心許ない。この「ケアの育児」と「刺激の育児」のバランスも、自分のこれからの課題だと感じている。

しかしそれでも育児は続く。例えば育児を一時停止して、修業を積んで各種のabilityをレベルアップしてから再び現場に戻ってくる……なんてことは当然できない。育児も仕事も、趣味も人間関係も、すべて同時並行で進めながらresponsibilityを身につけていくしかないだろう。そこにあるのは揺るぎのない現実だ。目の前に存在する現実から目を背け、虚構や妄想の中に逃げ込む男たちの姿を描いたのがアーサー・ミラーの『All My Sons』だった。イヤホンで耳をふさいだあの4分間の自分はまさにそれだった。私には育児を共にやっていくパートナーがいるし、双方の両親が近くにいて頻繁に手を借りられる環境にある。育児経験者の妹や友人も身近にいる。それはとても幸運なことだと思う。毎日ひたすら眠いし、原稿も全然終わらないし、子どもたちの正しい育て方なんて全然わからない。だけど育児はストップできないし、バタバタな日常はまだしばらく続くだろう。大人の責任は重い。それは怖いし不安なことだけど、みんなと手を携えながらなんとかやっていくしかない。

6 これからの〈俺たち〉へ

——beingの肯定

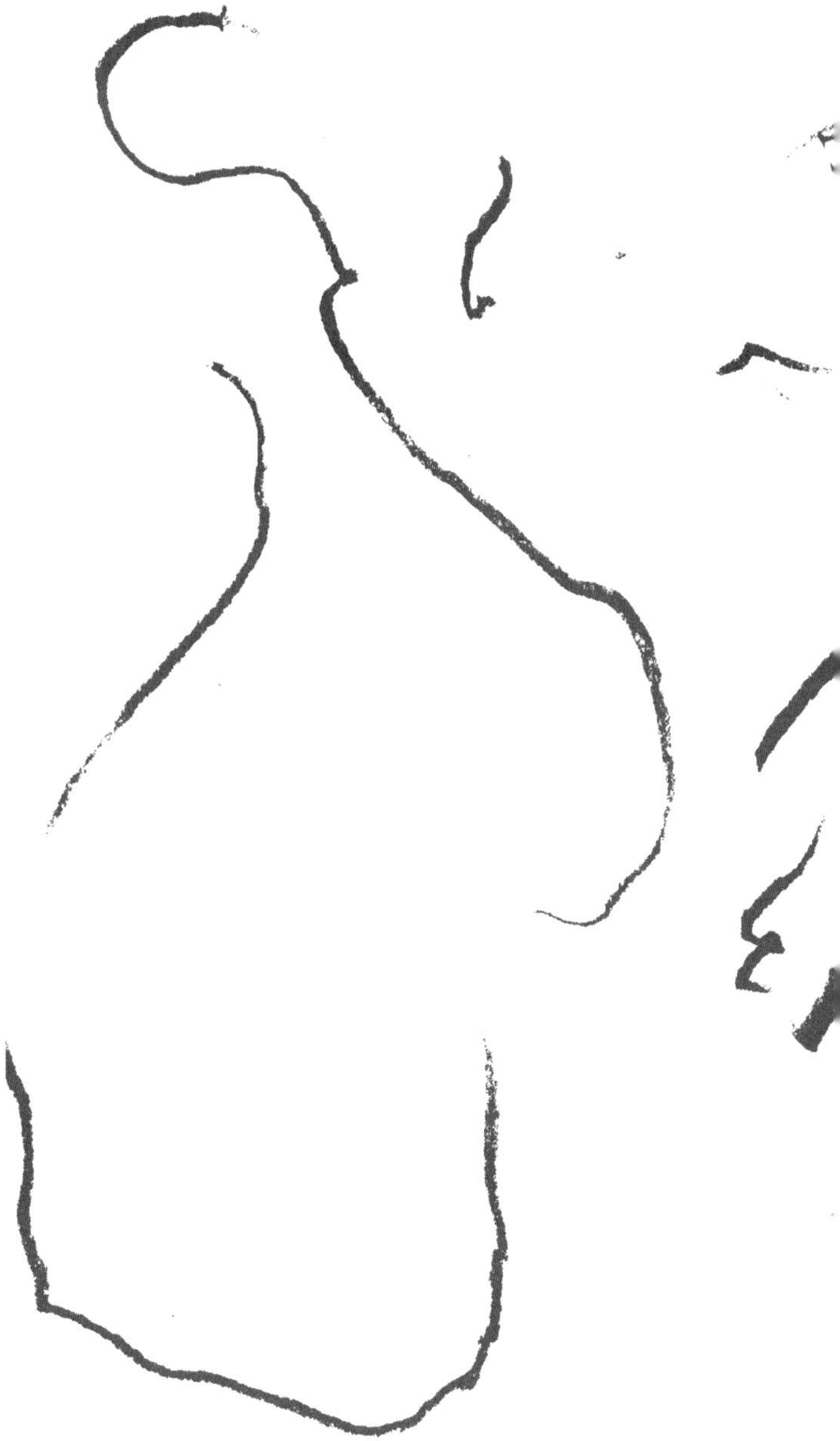

俺たちは「お茶する」ことができるだろうか？
——ケアの欠如とbeingの肯定

男同士の友情にまつわる疑問や不思議

ふと想像してしまう。例えば同窓会とか結婚式とか、忘年会とか久しぶりの再会とか、そういった場があったとして、彼らは一体何を話すのだろうか？　かつてインターハイ制覇を目指して切磋琢磨したあの男たちも、地球を守るために最強の敵と死闘を繰り広げたあの男たちも、夢の実現に向けて同じ釜の飯を食っていたあの男たちも、仲間を救うために命がけの冒険に出たあの男たちも、最初の30分くらいは近況や思い出話なんかで盛り上がるだろうが、そこから何を話すのかいまいちイメージが湧かない。

多くを語らずとも心を通わせる男たちの姿は確かに魅力的だ。拳と拳で語り合ったり、不器用なハイタッチで信頼を示したり、1本のパスですべてを理解し合ったり、その連帯感はときに性愛や家族愛よりも深いものに見え、言葉に頼らないつながり方が確かに存在する……のだとは思うけれど、やっぱりなかなかイメージできない。互いの身の上話に耳を傾け合う男たちの姿が、空白の時間を想像力で埋め合う男たちの姿が、それぞれの変化に興味を示し合う男たちの姿が、どうしてもうまく想像できないのだ。それはおそらく、俺たち男の中に「お茶する」という文化が存在しないからではないか。

以前、桃山商事のPodcast番組で「男同士の友情」というテーマを取り上げた。メンバーのワッコが大学のサークル仲間で久しぶりに集まった際、男子たちの会話がさほど弾んでいないことに気づき、そこから男性間の関係性やコミュニケーションのあり方に興味を抱いたのがきっかけだった。ここで言う「男同士」とは〝マジョリティ男性〟を指しているが、そんな男同士の友情にまつわる疑問や不思議、またそのイメージについて番組リスナーに意見を募ったところ、男女あわせてたくさんの声が寄せられた。くだらない話をして笑い合う、常に若干の照れが付きまとう、太くて短い、ノリや勢いを重視する、バンバン肩を叩き合う体育会系のイメージ、構築するのに時間はかかるが簡単には壊れないもの……といった声もあれば、弱みや悩みを共有できない、個人的な話をあまりしない、ナメられたら終わり、冗談という名目でハラスメントが横行している、「会話」より「遊び」でつながっている印象、人間関係を序列化・ゲーム化しがち……というネガティブ寄りの意見も少なからずあった。

とりわけ印象的だったのは30代女性からの投稿で、そこにはこうあった。いわく、「夫には若い頃からご飯を食べたり遊びに行ったりする男友達がひとりもいません。中高一貫の男子校出身で、結婚式にはアメフト部の同期などたくさんの男性たちが出席してくれましたが、夫いわくその誰ともふたりで会うことはなく、仲間ではあっても友達ではないそうです」とのことで、これには共感しかなかった。

私自身も中高6年間を男子校で過ごし、男同士の関係に多くの時間を費やしてきたが、確かにノリ重視の空気だったし、弱みを見せづらい感じもすごくわかる。また、趣味でやっている草サッカーのチームメイトともかなり長い付き合いになるが、そこにふたりきりで会うようなメンバーはあまりいない。毎週のように集まり、おそらく家族以外では最も頻繁に顔を合わせている間柄にもかかわらず、仕事や出身地くらいの情報しか知らないケースも正直ざらだ。それで普通な気もするし、決して仲が悪いわけでもないのだが、考えてみると少し奇妙でもある。これって友達……？　俺たちは一体、何を話しているのだろうか。

ふざけ合っていても常にちょっと不安

双子育児とコロナ禍が同時に始まった2020年から2022年にかけて隔週連載していたエッセイをまとめた拙著『おしゃべりから始める私たちのジェンダー入門』には、「暮らしとメディアのモヤモヤ『言語化』通信」という副題がついている。ほとんどの時間を在宅で過ごし、友達や仕事仲間ともなかなか会えなくなってしまったあの時期は、私にとって〝おしゃべり〟が圧倒的に不足していた2年間でもあった。

生活のなかで感じたモヤモヤ、仕事や育児にまつわる不安、SNSで目にした政治や芸能のニュース、心に響いた本や演劇の話など、そこには様々なテーマの文章が収録されている。エッセイとは言わば個人的な〝ひとり語り〟で、タイトルから連想されるようなおしゃべり形式の本ではないのだが、ここで取り上げた話題の数々は、本当だったら日常的な雑談のなかで友人たちと「わかるわかる」って分かち合いたかったことである。その最後のエッセイでテーマにしたのが「お茶する」という行為についてだった。

育った環境もあり、私は思春期の頃からいかにも〝男子っぽい〟コミュニケーション様式を内面化していた。茶化す、イジる、からかう、ふざけるが基本姿勢で、真面目な言動や感情的なリアクションは御法度《ごはっと》。遊びには何かとゲームや競い合いの要素が入り込み、盛り上がって笑いが起きればグッド・コミュニケーションとなる。各々が割り当てられた役割やキャラクターに則って振る舞い、空気を読みつつボケやツッコミを差し挟むチャンスを狙っていく。確かに楽しい瞬間も多々あるが、そこでは自分の話をしっかり聞いてもらうことも、誰かの話にじっくり耳を傾けることも、ほとんどない。

そういう感じに慣れきっていた私にとって、30歳前後で体験したコミュニケーション様式の変化は、それこそ〝革命〟と呼べるほどのインパクトがあった。それについて私は、『『お茶する』ことの醍醐味、ガールズトークの文化に学んだこと」と題したエッセイでこのように書いた。

女友達が繰り広げる会話に耳を傾けていると、とにかく話があちこちに飛ぶ。脈絡のない話題が次々飛び出してくるような印象で、それで内容がちゃんと理解できるのか、そもそも楽しいものなのか、昔はよくわからなかった。なんなら「女って人の話を聞かないよな」くらいに思っていたのだが、そうでは全然なかった。

一見カオスに思える話題は、実はシナプスが連結するようにどこかの点でつながっていて、関係ないように見えて実は関係ある話をしている。「それな」という言葉が表現しているような〝わかりみ〟のシェアと言えばいいのか、あるいはクオリア（感覚的・主観的な経験に基づく独特の質感）的つながりとでも言うのか、とにかく「その感じ、なんかわかる！」という感覚を連ねていくようにおしゃべりを続けていく。それはむしろ相手の話をちゃんと理解していないとできないことで、そのメカニズムに気づいたときは結構な衝撃を受けた。（中略）互いの内側にあるものを共有し、理解を深めていく過程で味わう様々な感覚こそ、「お茶する」という行為の、ひいてはコミュニケーションそのものの醍醐味だと私は学んだ。

（清田隆之『おしゃべりから始める私たちのジェンダー入門』２０２３年、朝日出版社）

もちろんすべての男性がイジり合いや競い合いをしているわけじゃないし、おしゃべりが苦手という女性だって一定数いるだろう。だからこれはあくまで個人的な〝お茶観〟に過ぎないかもしれないが、それでもやはり、男同士の関係に必要なのはこれだと思った。ふざけ合っていても常にちょっと不安で、わちゃわちゃ騒いでいるのになんとなくさみしくて、仲良しだけどどこか信用しきれなくて、長い付き合いなのに意外とお互いのことを知らなくて――といった感覚に心当たりがあったら、それはもしかしたら「お茶する」が不足しているせいかもしれない。

30年来の男友達である佐藤とのこと

とはいえ、「お茶する」は言うほど簡単な行為ではない。響きこそライトだが、それを実行するにはスキルや知識、心構えや経験値、体力や時間的余裕など、様々なものが必要になってくるように思う。先に引用した女友達のおしゃべりなどは相当に高度なコミュニケーションのはずで、鍛え上げられた筋肉のように、一朝一夕では決して身につかないものだろう。

一緒に桃山商事を立ち上げたメンバーである佐藤は男子校時代の同級生で、かれこれ30年近い付き合いになる。同じクラスになったことはないが、中学の3年間はサッカー部の仲間で、高校ではともに文化祭の実行委員を務めた。大学では別々の学校になったが、生活圏が近しく、バイトも同じで、「欽ちゃんの仮装大賞」に挑戦したこともあった（予選落ち）。社会人になってからも、ふたりで海外旅行したり、仕事を手伝ってもらったり、トライアスロンの大会に出たり……しまいには30代になって6年近くルームシェアをし、私が結婚をした際は立ち会い人として区役所にも付き添ってもらった。そんな間柄の佐藤とでさえ、「お茶する」ができるようになったのはここ数年のことだ。

今は結構、いろんな話をする。互いの近況、桃山商事の活動、子育ての悩み。仕事で嫌なことがあったときに長電話をしたり、私がＳＮＳで不用意な発言をしたときは即座にツッコミのＬＩＮＥが来たりする。つい先日も、ともに縁の深い土地である能登半島の震災について語り合ったばかりだ。これだけ付き合いが長いわけで、もちろん昔からいろんな話をしてきたはずだが、振り返ってみると、今みたいに弱みや悩みを分かち合うようなおしゃべりをしてたかな……とも思う。

お笑いコンビで言えばこちらがボケで佐藤がツッコミ、サッカーで言うならこちらがミッドフィルダーで佐藤がフォワード。私はそのようなイメージで佐藤との関係性を捉えてきた。だから刺激を与える側、きっかけを作る側としての意識が強かったのだと思う。恋愛の話を聞けば気持ちを焚き付け、誰かの悪口を聞けばネガティブな感情をさらに煽り、夢や目標の話を聞けば無責任に背中を押したりもする。恋人と別れさせようと仕向けたことも、会社を辞めるように発破をかけたことも、一度や二度ではない。佐藤のことは本当におもしろい人だと思っているし、自分以上の理解者はいないと自負もしているが、かつて私がやっていたのは期待という名の強要であり、激励を装った無茶振りだったと言わざるを得ない。

こうして日常的に「お茶する」関係になれたのは、おそらく佐藤のおかげだ。趣味でやっていた桃山商事の活動が少しずつ社会に認知され、メディアに取り上げられたり、書籍を出版する機会に恵まれたりという状況になってきた2010年代の後半、私の野心は嫌な感じで燃えていた。当時は桃山商事をバンド活動のように捉えていた節があり、今がブレイクのチャンスとばかりに「もっともっとコミットして」「なんなら会社も辞めちゃえば？」と佐藤に圧をかけまくっていたのだ。そんな私の過干渉に疲弊し、彼はしばらく桃山商事の活動を離れることになるのだが……それでも関係が切れなかったのは、不当に境界線を踏み越えていた私を押し戻し、佐藤が適切な距離感を再構築してくれたおかげだと、改めて思う。

見つめ合えない男たち

社会学者の平山亮さんは、私が共編者のひとりを務めた『どうして男はそうなんだろうか会議——いろいろ語り合って見えてきた「これからの男」のこと』（2022年、筑摩書房）のなかで、「コンパニオン」と「コンフィダント」というふたつの概念を紹介している。これらは男性間における友人関係のあり方を論じる文脈で出てきた言葉で、前者が一緒にお酒を飲んで盛り上がったり、同じ趣味に興じたりといった関係であるのに対し、後者は話がしやすく、自分の悩みや気持ちを共有し合えるような関係というイメージだ。

私が『さよなら、俺たち』でたびたび使用した「doing」と「being」という言葉もこれに似た意味合いで、コンパニオン的な、何かを「する」ために集まっているのがdoingの関係、コンフィダントのような、一緒に「いる」こと自体が目的になっているのがbeingの関係と言い換えられるかもしれない。このふたつを補助線にするならば、男同士の関係は極めてdoing的で、それゆえに様々な問題が生じている。だから「お茶する」ことによって自己理解や相互理解を深め、beingの度合いを濃くしていくのはどうだろうか――というのが本稿における私からの提案となる。

アメフト部の同期が「友達ではなく仲間」なのも、毎週のようにサッカーで顔を合わせるチームメイトのことをよく知らないのも、男同士が「会話」より「遊び」でつながっているように見えるのも、おそらく関係がdoingに偏り過ぎているからだ。もちろんそれ自体が悪いわけではないし、悩みを共有し合えてこそ友達だと言いたいわけでもない。しかしdoing一辺倒だと、同じ方向を見て一緒に盛り上がることはできても、互いに向き合って理解や観察を深めていくことはおそらく難しい。

２０１４年に初演され、その後も再演・ミュージカル化と上演が続いている劇団ハイバイの名作『おとこたち』（岩井秀人＝作）は、山田《やまだ》・鈴木《すずき》・森田《もりた》・津川《つがわ》という大学時代からの付き合いである男4人の半生を描いた演劇作品だ。20代から80代までの時間が一気に進行していくなか、就職に転職、出世や失業、結婚や不倫、出産に子育て、事故に病気、老いや死など、男たちの人生に起きた様々な出来事が走馬燈のように展開されていく。ブラック企業でメンタルを壊す山田、浮気がバレて夫婦関係が崩壊する森田、お酒で俳優のキャリアを台なしにする津川と、最初から躓《つまず》き気味の人生を送る3人に対し、製薬会社で働く鈴木だけは何かと順風満帆だ。

しかし物語の後半、仕事のストレスや家族との不和などにより、鈴木の人生はどんどん歯車が狂っていく。家に居場所がなくなり、「俺がさんざん働いて稼いだ金で住んでるやつらからシカトされてんだよ。どこ行きゃいいんだよ」と不満を漏らし、実は息子に暴力を働いていたことが後に判明する。さらに老いを受け入れることができず、定年後に山田と行ったゲームセンターで若者たちと揉め、それがきっかけで鈴木の人生は幕を閉じることになる。

個人的に最も衝撃だったのがその葬式のシーンだ。鈴木の死に顔を見たあと、「なんか、、あれなんだな、、俺、、鈴木の顔、じっくり見たことなんてなかったんだな、、」と語る山田に対し、森田も「…うん、、そう考えるとそうだな、、」と返す。クライマックスへ向かっていく前の何気ない会話ではあったが、私にはこれが男同士の関係を象徴する場面に思えて仕方なかった。

学生時代からの付き合いでも、一緒にカラオケで盛り上がっても、みんなで風俗の感想を熱く語り合っても、男たちは案外、お互いのことを見ていない。仲間内で固定化された役割やキャラクターから出ようとしないのが男同士の関係におけるひとつの特徴ではないか。山田も森田も津川も、正社員で既婚者で子持ちの鈴木を「いちばん優秀なやつ」と見なしていたが、「順調でつまらない」と揶揄するだけで、その分厚い壁の内側で起こっていたことを想像しようとはしていなかった。鈴木も鈴木で他の3人のことをちゃんと見ていなかったし、自分の抱えている問題を見せようともしていなかった。

これが『おとこたち』というタイトルで描かれていたのは非常に示唆的だ。冒頭の話に戻れば、花道は流川《るかわ》の内面をあまり知らないだろうし、悟空とベジータが心の内を語り合うシーンもなかなか想像できない。勇者と戦士が冒険の最中に愚痴をこぼし合う場面は描かれないし、岬の抱える孤独に翼はどれだけ思いを馳せていたのか。言葉を越えた信頼関係というものが存在することは確かだろう。でも、「どうしたの?」「なんでそう思ったの?」「実はこんなことがあってさ」と、言葉によって互いの内面を埋めていくようなコミュニケーションが俺たち男にはあまりに不足している。浜田もおそらく、松本と向き合って心の内側を見つめていくような会話はしていないんじゃないか……。

もちろんこれらはすべて私の勝手な妄想で、野暮で無粋な言いがかりですらある。でもやっぱり、男同士の関係にはケアの精神が決定的に欠けていると思えてならないのだ。

ロールモデルが足りていない

では、どうしたらいいのだろうか。前述したように「お茶する」ことでbeingの関係を深めていこうというのが私からの提案だが、簡単にできるなら苦労しないよという話でもある。まあでも、お茶に〝正しいやり方〟なんてないだろうし、できるだけ相手の話に耳を傾けつつ、ぎこちなさや照れくささを抱えながらおしゃべりの経験を重ねていくより他はない。beingとは存在とも訳されるように、そこに〝ある〟もの——例えばそのとき抱えている問題とか、心のモヤモヤとか、誰かと語り合いたいこととか、そういったものを拾い上げるようにして言葉を交わしていくのがポイントではないかと個人的には考えている。

私は「お茶する」という文化を女友達から学んだ。それは人生の大変化で、30代以降は友人知人とじっくり語らう時間が飛躍的に増えた。それまでの自分は誰かと会話していても常に不安だらけで、「つまらない人間だと思われたらどうしよう」「自分の薄っぺらさがバレるのではないか」と怯え、「おもしろくしなきゃ」「わかりやすく話さねば」「役立つことを言わねば」と力みながら必死にコミュニケーションしていたように思う。今でもそれらが完全になくなったわけではないが、見えない空気を読もうとすることよりも、正解という名の綱渡りから落ちないように頑張ることよりも、そのときどきで感じたことや考えたことを、可能な限りそのまま言葉にしていくことのほうがよっぽど大事なのだと思えるようになった。それは聞き手としても同じことで、言葉の裏側まで読もうとする必要はないし、無理に盛り上げたり助言を送ったりする必要もない。まずは相手の話したことを内容通りに理解すること、わからないことがあったら質問すればいいこと、相手が言い淀んだときは焦れずに待つことが重要なのだと学び、実際にそれで圧倒的に会話しやすくなった感覚がある。

しかしそれは、熟練のお茶マスターである女友達のアシストがあったからこそできていたことで、おそらく男同士ではそんなスムーズにはいかない。おしゃべりに関するスキルや経験値にはまだまだ大きな男女差があると感じざるを得ず、俺たちは初心者マークを付けながら試行錯誤を続けていくしかないだろう。でも、それでいいんだと思う。照れ隠しの茶化しやイジりは多分なくならないし、話をまっすぐ聞けない瞬間があっても仕方ない。いわゆる〝ホモソーシャル〟なノリもどうしたって発生してしまうはずだ。

そういう感じを携えつつも、相手の内面に思いを馳せ、果敢に自己開示もしていきながら、コンパニオンな関係に少しずつコンフィダントの要素を入れていけたらいいなって思う。例えば「モヤモヤを語り合う会」とか「悩みを話す時間」というように、doing的な枠組みを巧みに使いながらbeingの関係を深めていくのもありかもしれない。

メディアでは男同士のおしゃべりが描かれることはまれで、ロールモデルが足りていないのが悩みどころだが、2021年に放送されたドラマ『俺の家の話』（宮藤官九郎＝脚本／TBS系）には不器用ながら内面をぶつけ合う男たちの姿が描かれていたし、星野源と若林正恭が中年世代の悩みを語り合った『LIGHTHOUSE』（2023年、Netflix）などは、まさに「お茶する」男たちの試みを眺めるトーク番組だったように思う。

そして、個人的にこのジャンルの最高峰だと感じているのがラジオ番組『SAYONARAシティボーイズ』（2023年〜、文化放送）だ。大竹まこと・きたろう・斉木しげるによる言わずと知れたコントユニットが織りなすトークバラエティで、前半がコント、後半がフリートークという構成になっている。メンバー全員70代の中盤で、ユニットを結成して45年という3人が交わすおしゃべりは本当に圧巻で、あるときは拾った石の話を延々繰り広げ、あるときは物忘れについてああだこうだと盛り上がる。かと思えば、あるときは行き過ぎた資本主義による経済の衰退を嘆き、あるときは3人の関係性について振り返り、「俺たちには距離感がある」「だからケンカもしない」などと語り合ったりもする。バカバカしいのにどこか知的で、老いをさらしつつも常に美意識を忘れず、互いの個性や歴史をよく理解していて、ディスり合いながらも不思議と親愛の情に満ちている……。今でも仕事帰りにお茶をし、飲み会ではなぜか3人で同じ席に固まりがちというシティボーイズのあり方は、doingとbeingのバランスが本当に絶妙で、男同士の関係性を考える上で最高のロールモデルになり得ると私は思う。

ああ、なんだかお茶したくなってきた。一杯のお茶やコーヒーを手に、リラックスしながら身の上話を語り合うあの時間が恋しい。ずいぶん会えてない男友達も多いし、普段はふたりで会うことのない仕事相手やサッカー仲間にも、実はちょっとおしゃべりしてみたいなって人が少なからずいる。思い切ってあの人を誘ってみようかな。気まずさを抱えつつ、話したいことをぽつぽつと言葉にしていく。地味だけど多分、男性性の問題ってそういうことでしかほぐれていかない。はたして、俺たちは「お茶する」ことができるだろうか？

時間がかかったって、いいじゃないか
――ケアの交換、「悩み」の持つ可能性

お悩み相談は教材でも癒やしの道具でもない、けれど

あの悩みごとを話してくれたあの人は、今どんな感じで暮らしているんだろう。そんなことを思い、ときどき妙に感傷的な気分になるときがある。アプリでの婚活に疲れ果てていたあの人も、パチスロ三昧の恋人にお金を貸してしまったあの人も、性行為の経験がないまま結婚しても大丈夫かと悩んでいたあの人も、独身だったはずの彼氏がSNSに妻子の写真を載せていたあの人も、あれからどうしてるかなってふと思い出す。

桃山商事は元々、身近な女友達の恋愛相談に耳を傾ける活動から始まったものだ。そのテーマは恋バナからジェンダーへと広がり、ここ数年は男性から話を聞くことも少なくない。別れた彼女のことがずっと忘れられない人もいたし、クライアントの女性に告

白して仕事を失った人もいた。自分だけ出世が遅れて会社の同期と顔を合わせづらくなってしまった人もいたし、妻から日々受ける家事育児のダメ出しに苦しんでいる人もいた。みんな、元気にしているだろうか。

私は大人になってから、誰かの相談に乗る機会が飛躍的に増えた。聖人君子でもないし、人生経験も豊富じゃないし、なんらかの専門知識があるわけでもないが、桃山商事の活動がきっかけとなり、数え切れない人たちの悩みを聞かせてもらう機会に恵まれた。仕事としても桃山商事『生き抜くための恋愛相談』（2017年、イースト・プレス）という本を出させてもらったり、朝日新聞beの人生相談「悩みのるつぼ」で回答者を務めることになったりと、ずいぶんお悩み相談と縁の深い人生になったなって思う。

でも、どうなんだろう。悩みごとなんてできれば抱えたくないものだし、考えることよりも行動することのほうが断然大事で、悩むだけ時間の無駄という風潮もある。時代的に「スッキリ」とか「ハッキリ」といった感覚が是とされ、複雑なものや不明瞭なものがストレスフルな要素として扱われる傾向も感じるし、とりわけSNSなどの世界では、「この場合はこうしろ」「これさえしなければ大丈夫」といった感じで、合理的な〝ハック〟や断言調のアドバイスが持てはやされたりもする。愚痴や不満はネガティブな空気が伝染するからNG。誰かに話を聞いて欲しいけど、その人の時間を奪ってしまうのも申し訳ない。そもそも、本当に困っているなら専門の機関に相談するべきで、素人の助言をいくら聞いたところで意味ないし、逆にリスキーですらあるのではないか――。そのような空気が蔓延する社会にあって、誰かの悩みを聞いたり、誰かに悩みを聞いてもらったりする行為を、どのように考えればよいか、ときどき迷う……のだけれど、それでもやっぱり思う。悩むことは無駄なんかじゃないし、悩みを媒介にしたコミュニケーションには社会を豊かにしていく力が宿っていると、わりと本気で思っている。

悩みごとは基本的に相談者さんのものだ。内容は様々だがどれも切実で、ときにはあまりの苦しさに言葉を失う瞬間もあるが、葛藤を抱えながら勇気を出して打ち明けてくれたものである以上、少しでも相手の役に立てたらいいなと思って回答している。その一方で、それは私にとってもかけがえのない経験になっていて、自己理解や他者理解の機会に、深いコミュニケーションの場に、社会の問題を考える時間に、なっている部分が確実にある。相談者さんの語りに耳を傾けるなかで思いがけない記憶がよみがえることは多いし、「妻もあのときこんな思いをしていたのかも……」というふうに、急に何かがわかる瞬間も少なくない。また、ほとんどの相談者さんとは初対面かつ一期一会で、そんな関係でいきなりパーソナルな部分について語り合う時間はよく考えると奇妙だしリスキーでもあるのだが、そのようなコミュニケーションは他の出会い方をしていたら絶対にあり得ないはずで、そこには不思議な刺激や手応えがあったりもする。

私たちは同じ社会の中に生きていて、個々人の抱える悩みには社会の様々な問題や価値観が溶け込んでいる。囚われていたこと、知らなかったこと、気づいていなかったこと、見て見ぬふりをしていたことなど、語り合う内に視野が広がり、理解が深まる瞬間が確実にある。もう二度と会うことはないかもしれないけれど、彼女ら彼らのその後が折に触れて気になるし、その濃密なコミュニケーションのなかで得られた連帯や発見の数々は、今の自分の土台をなすものだ。

問題を切り分けながら解決の道を探る

そしてそれは、悩みごとについて書かれた本を読んでいるときに感じるものとも似ている。そういう本に出てくるのは大抵、何か問題を抱えていたり、何かがうまくいっていなかったりする人の話だ。著者が自らの苦しみや葛藤を打ち明け、もがき苦しむなかでつかみ取ったものを読者にお裾分けしてくれるような本もあるし、回答者や専門家が相談者の悩みと向き合いながら、構造を分析し、感情に寄り添い、その人に合った処方せんを提示していくような本もある。学びになるし、心が揺さぶられる。「悩みとは何か」

という哲学的な問いまでもたらしてくれる本を、ここでいくつか紹介してみたい。

例えば田房永子『人間関係のモヤモヤは3日で片付く』（2022年、竹書房）は、タイトルの通り人間関係でトラブルを抱えた際の対処法についてヒントを与えてくれる漫画作品だ。作者をモデルにした主人公のマコは、友人や家族、仕事相手や知り合いなど、いろんな人間関係の中でモヤモヤを抱えている。他人にぐいぐい来られて怖くなったり、相手の言動に違和感を覚えたり……様々なきっかけで発生したモヤモヤの奥底をのぞくことで、抑圧され、無視され続けてきた未消化の感情が隠れていたことに気づいていく。

嫌いな人や苦手な人と関わるのは苦しいし、罪悪感や自己嫌悪に襲われるのもしんどい。そのことが頭から離れず、心が押し潰されそうになる。悩んでいるときの時間感覚は長く重たいもので、3日というより「25万9200秒（＝60秒×60分×24時間×3日）」と表現したほうがしっくりくる。その苦しみを高解像度で描き出した上で、モヤモヤに飛び込み、身体の声を聞き、構造を言語化し、問題を切り分けながら解決の道を探っていくさまは、さながら〝セルフセラピー〟の手引きのようでもある。

この作品では、規範や常識など自分を縛っているものを〈社会的価値観〉、感情や身体反応など否定しがたく存在してしまうものを〈生理現象〉と呼び、いったん分けた上でメスを入れ、癒着した部分を切り離していくのが特徴だ。〈解決法〉として提示されているものだが、単なるコツや技術の話ではない。これは田房さんが、過干渉な母親、キレやすい自分、夫とのセックス、理想のママ像、痴漢や性暴力、性別役割意識、男性優位社会など、長年苦しめられてきた様々な問題と格闘しながら構築してきた歴史の産物であり、自分自身を救ってきた生存の術でもある。誰の中にも〈言葉のない小さな子どもみたいな〉自分がいる。それを自分で抱きしめてあげられるようになることは、他者に寄り添い、優しい社会を作ることにもつながっていくのではないかと思わせてくれる一冊だ。

問題を切り分けて考えるという点では、岡田斗司夫 FREEex『オタクの息子に悩んでます――朝日新聞「悩みのるつぼ」より』も私にとって蒙を啓《ひら》かれる一冊だった。友人の薦めで知ったこの本は、実際に掲載された相談と回答を紹介しながら、そこに至るまでの思考プロセスを著者が自ら種明かしするように解説していく点が特徴だ。相談文をどうやって分析していくのか、相談者の思考回路にどのように潜っていくのか、そこに書かれている問題をどう切り分けていくのか、回答をどう実用的な提案に落とし込んでいくのかなど、その解説があまりにロジカルで鮮やかで、一行一行〝腑に落ちる〟感じがすごかった。論理的というと冷静で理性的なイメージがあったが、その態度が極まるところまで人の心を揺さぶるものになるのか……と衝撃を受けた。

しかし本書の中盤、そんな岡田さんに変化が生じる。「母が何も捨てられず困ります」という40代女性からの投稿に対し、「あなたは母親のことがわかっていない」と紙面で厳しい回答をしたことについて、岡田さんがこんな解説をするのだ。

もちろん僕だってこんなことを言いながら、自分の父親とか母親の気持ちなんか全然わかんなかったダメな息子だったんですよ。

そういう罪悪感が自分の中にもあるからこそ、この自分の中の「なんで俺はあの時、親の気持ちがわかんなかったんだろう」というイライラとか罪悪感込みでこの女性に説教しているわけです。

説教することによって、私ら日本人がなんとな〜く抱えてる「老いというのは何だろうか」という問題、「生きるというのは何だろうか」という問題が、表面に浮かび上がる。

生きるということはひどく無様にあがくことで、素晴らしいことでも何でもない。

（岡田斗司夫 FREEex『オタクの息子に悩んでます』2012年、幻冬舎新書）

その母親は何かと通販で買い物をし、使わない上に処分もしないため、家が未使用の品々であふれかえっていた。相談者にとってそんな母親の存在が悩みの種だったが、それに対して岡田さんは、〈いまや通販番組やカタログを見て「欲しい」と思う時が「生きている」と感じられる時なんです。それを「使わないなら処分しろ」というのは、「夢を捨てろ」「これ以上、生きるな」と言っているようなもの〉と〝説教〟を展開していく。それは〈論理的で理性的で、なんでも聞かれたことに答える万能回答マシーン〉を志向していた著者が、自らのスタイルとこだわりをかなぐり捨て、自分の感情をさらけ出しながら相談者にグッと踏み込む瞬間だった。

相談に乗るという行為には、相手を傷つけてしまうリスクが常に付きまとう。話の筋を読み違えたり、その意味を勝手に解釈したり、的外れな助言をしてしまったりすると、一瞬で暴力的な行為に転じてしまう恐れがある。だから回答者は言葉選びを慎重にやっていく必要があり、「論理に沿って話を進める」という態度もその努力の一種と言える。そういうなかにあって、一歩踏み込んだ回答をするのは相当な覚悟が要ることだ。リスクを冒してまで伝えたいメッセージがないと、なかなかそんなことはできない。

私は岡田さんの後任として、2019年の秋から「悩みのるつぼ」で回答者を務めることになった。この本を読んだときには想像もしなかったことだ。岡田さんが交際女性とのトラブルで大炎上したときは批判的な記事を書いたこともあるし、『オタクの息子に悩んでます』にしても、改めて読み返すとジェンダー的な視点で気になるところが少なからずある。でもやっぱりこれは名著だし、ここで提示されている思考ツールの数々は痺れるほど鮮やかで、論理的であることの重要性を教えてくれる。相手の話をまっすぐ読解する。複雑に絡み合った問題には的確な補助線を入れる。何かを言う際は根拠を示し、順序立てて説明する。そして、自分の中に抑えきれない気持ちが生じた際は覚悟を持って伝えてみる——。私は後任の回答者として、そんな岡田さんのスタイルを少しでも継承していきたいと思っている。

ケアする人がケアされ、ケアされる人がケアしている

お悩み相談とは「ケアの交換」にその本質があるのかもしれない。そんなことを感じさせてくれたのが、紫原明子『大人だって、泣いたらいいよ』（2022年、朝日出版社）だ。「紫原さんのお悩み相談室」というサブタイトルが示しているように、この本の特徴は相談の現場を見学させてもらっているような空気感にある。「解決策をズバッと提示する」「豊富な人生経験に裏打ちされた助言を送る」「解決につながるデータや文献を

紹介していく」「相談者を手厳しく説教する」など、世の中には様々な人生相談のスタイルが存在するが、そういうなかにあって紫原さんの回答はとても親身で優しい——というか、誤解を恐れずに言えばどことなくエロい。

相談文と真摯《しんし》に向き合い、書かれてあることの意味や文脈を踏まえた上で、行間を想像力で補いながら相談者の現状を把握し、読者とも共有する。そして悩みの核となる部分を洗い出し、何をどうしていけばいいのかについて模索していく。回答のスタイルは極めて論理的だし、相談文に足場を置きながら順序立てて語られていくので説得力もある。そしてどのアドバイスも実現可能なものに感じられる。ウェブ連載時から人気を博していたのも納得だ。しかし、この本に宿る一種の異様な親身さの正体はそれだけじゃ説明できない。なんというか、相談者と回答者の間には見えない〝近さ〟が存在しているのだ。

気がつくと、紫原さんが相談者の隣に座っている。うんうん、わかる、ついそう考えちゃうよね、私の人生も失敗だらけだったな、〇〇さん、まずはこうしてみるのはどうかな——と、手を握り、背中をさすり、相手の名前を呼びながら共に悩む著者の姿が見えてくる。お悩み相談室で交わされる、スキンシップを伴うようなケアの瞬間を覗き見している気分になり、妙にドキドキする。深い自己開示や創造的な言葉の数々にも心を打たれる。それが先に「回答がエロい」と述べた理由だ。
こういった感覚は、雨宮《あまみや》まみ『まじめに生きるって損ですか?』にも感じたものだ。この本は「穴の底でお待ちしています」というタイトルのウェブ連載を書籍化したもので、穴の底には小さなスナックのようなスペースがあり、雨宮さんが相談者に飲み物を出すところから回答が始まる。努力が報われない、恋愛ができない、見た目のことで悩んでいる、自分の生き方に自信が持てない……と、ここには20代から40代の女性たちが抱える様々なお悩みが集まっているのだが、相談文の熱量がとにかく高いのが特徴だ。一行一行から感情があふれ出ていて、その筆圧の高さに圧倒される。それはおそらく、〈「王様の耳はロバの耳!」と穴の底に向かって叫ぶように、誰にも言えないことを穴の底で吐き出していってほしい〉という雨宮さんの思いが呼び水となっていたからではないか。

愚痴に人は、何を言えばいいのでしょうか。解決策を提示する？　共感する？　私はそんなこと、どっちでもいいと思うんです。愚痴をずっしり詰め込んだ人がそれを吐き出すことができれば、吐き出せた時点で、自分でももやもやしてきたものの正体が半分見えてきたりします。こっちに言えることなんて、「はー、こんな大きなものを抱え込んでたら、そりゃあ心が重かったでしょ。お疲れさま」とか、そんなことぐらいです。

（中略）どうかこの本が、自分を理解する手助けや、他人を理解する手助けになるようにと、私は考えています。愚痴からしか見えてこない世界もあるのです。

さぁ、では、いざ愚痴の世界へ！

（雨宮まみ『まじめに生きるって損ですか？』２０１６年、ポット出版）


雨宮さんの言葉は優しい。それは〝人間の業《ごう》〟みたいなものを受け入れてくれるような優しさで、そこにこの本の魅力が宿っている。自信が持てないこと、嫉妬してしまうこと、規範に囚われてしまうこと、欲深いこと、外見にこだわってしまうこと、強がってしまうこと、何かと逃げがちなこと、家族が嫌いなこと、褒められたいこと、傷つきたくないこと、卑屈なこと、人に勝ちたいと思ってしまうこと——などなど、人に言えない感情や抱えている矛盾など含め、雨宮さんが率先して自己開示をしながら相談者の愚痴と向き合っていく姿が印象的だ。

雨宮さんはお悩み相談に回答することを〈私にとっても、未踏の地に赴くような作業で、とても張り合いのある仕事〉だったと語り、紫原さんは〈姿の見えない誰かと私は今、たしかに共に生きている、そんな力強さを感じさせてくれる時間だった〉と表現している。ふたりとも回答者としてお悩み相談に乗りつつ、そこでおそらく自分自身も癒やされている。相手の中に自分を発見し、自己理解を深め、世界とのつながりを深めている。そこにはケアする人がケアされ、ケアされる人がケアしているという双方向の関係が見られる。それが先に「ケアの交換」と表現したゆえんだ。

語り合いながら心のあちこちに触れ合っていく

桃山商事のお悩み相談もこれと似ている。コロナ禍や双子育児、メンバーの多忙など、いろんな要素が重なってここ数年なかなかできていないのがもどかしいところだが、その場においてもケアの交換がなされていることを実感する。来てくれた人が少しでも元気になり、我々としてもエピソード収集の場になればというのが基本的な考えではあるが、相談者さんの悩みごとを真ん中に置いてみんなでおしゃべりしていくその時間は、もはや「相談に乗っている」という言葉では表し切れない何かになっている。

イメージとしてはこんな感じだ。相談者さんが悩みごとを語り、進行役の清田が質問を投げかけていく。そういう時間がしばらく続き、徐々に悩みの輪郭が浮かび上がってきた頃に、それまでじっとメモをとり続けていた森田が突如口を開く。話のつながりがわかりづらかったところ、どことなくアンビバレントな何かを感じたところ、語り口の熱量が他とはちょっと異なっていたところ……。清田とは違う角度の質問が投げ込まれ、話が一気に転調する。相談者さんの抱える悩みごとの背景には、家族との関係、組織の論理、ジェンダー規範など、様々な問題が絡んでいたことが見えてくる。そこから話はさらに広がり、今度はワッコが会社の上司から受けた理不尽な仕打ちや、機能不全家族の中で味わってきた体験、マッチングアプリで出会った男たちのヤバさなど、人生の様々な辛酸について語り始める。それにより、相談者さんの語りもさらに促されていく。不倫をやめられない背景には恋愛感情だけでなく、相手から蔑ろにされた悔しさが関与していたこと。恋人と同じようなケンカを繰り返してしまうのは、親との関係で内面化した問題が絡んでいたかもしれないこと。片想いの未練を断ち切れないことが、実は転職や就労環境の不安なども地続きだったこと——。最初からすると想像もしなかった方向に話が展開されてきたタイミングで、記憶のスイッチを押された佐藤が心の生傷について語り出す。失恋や挫折、裏切られたことや蔑ろにされたことなど、まるで昨日あった出来事みたいな鮮度で放出される佐藤の感情が、その場に謎の熱量をもたらす。わかるわかる。まじであれムカつくよね。でも自分も同じことを言っちゃってたかも……と、それぞれの経験のなかで味わってきた諸々が交差し、共感が飛び交い、「ばらばらなのにつながってもいる」という不思議な感覚に包まれることがよくある。もはや「相談する側／される側」という関係ではなくなっているあの瞬間は、一体何なのだろうか。

臨床心理士の東畑開人さんは、著書『雨の日の心理学』で〈こころのケアの九割五分は素人によってなされている〉と述べている。悩んだり困ったりしたときの頼り先といえば精神科やカウンセリング、あるいは占いやコーチングのような場が思い浮かぶが、医療人類学者のアーサー・クラインマンが図式化した「ヘルス・ケア・システム理論」を元に説明される〈こころのケアの全体像〉によれば、それらよりもはるかに大きな領域を担っているのが素人――つまり友人や家族、職場や地域社会のような存在だという。これらは「民間セクター」と名づけられていて、個人で行うセルフケアもここに含まれるが、私たちの心を日常的にケアしているのが自分自身や身近な人間関係であるということは、意外に忘れがちなポイントではないだろうか。

友人に愚痴を聞いてもらうことも、メディアで展開される人生相談のほとんども、そして桃山商事のお悩み相談も、ここでいう素人のケアに当たる。公的な機関ではないし、専門的なトレーニングを受けているわけでもない者たちによるケアは、決して完璧なものではないだろうし、それどころか、悩みをさらに複雑にさせたり、不用意な発言で傷つけてしまったりというリスクもある。だからどこまでも慎重に行われるべきものだと思うが、〈九割五分〉という領域を支える素人のケアに焦点を当て、その土壌に専門知のエッセンスを注入しながら耕していく東畑さんの営みは、極めて重要だ。

タイトルが示唆しているように、この本では「天気」が心のメタファーとして用いられている。〈相手がそれなりに元気なとき、ふつうの調子のとき、通常運行のとき〉と定義される晴れの日に対し、雨の日とは〈相手の具合が悪いとき、病んでいるとき、非常事態のとき〉を指す。そんな雨の日に役立つ理論や技術として、ケアとセラピーの使い分けを、様々な補助線の引き方を、心のモードのあり方を、時間というものが持つ力を、「聞く」と「聴く」の違いを、心と環境の関係性を、つながりを築くための方法を、ほどよいおせっかいの塩梅《あんばい》を、ケアする人をケアすることの重要性を、心理学の知見をかみ砕きながら伝授してくれるのがこの本の特徴だ。授業形式でテンポがよく、ときに軽いノリの冗談が挟まれるなど、全体的にコミカルな雰囲気すら漂う一冊だが、私はこれを読み、なんだかしみじみ感動してしまった。お悩み相談に乗っているとき、誰かに悩みを聞いてもらっているとき、悩みごとについて書かれた本を読んでいるときに、なぜあんなにも心が動くのか、少しだけわかったような気がした。思うにそれは、言葉というものが、対話というものが、理解というものが、つながりというものが、本当に、具体的に、ときに〝物理的に〟と表現したくなるほど生々しく心に触れるものだからだ。

雨の日が続いているのが、ケアの日常です。

毎日基本的に雨が降っている。大雨のときもあれば、霧雨のときもある。

でも、ときどき晴れ間が覗く。そういうときに、足元ではなく、空を見上げてみると、ラッキーなことに虹が見えてしまうこと「も」ある。

これに励まされて、また雨降りのケアを続けていくわけです。

これがときどきなのが大事だし、「も」であることが重要なんでしょうね。

ずっと虹を探している人は、首が疲れちゃいますよ。


（東畑開人『雨の日の心理学』２０２４年、KADOKAWA）

思えば相談という営みに救われてきた人生だった。私は子どもの頃から人に頼ることが苦手で、不満やモヤモヤを抱え込み、限界を迎えてフリーズし、周囲の人たちに迷惑をかけてまた落ち込む……というパターンを繰り返してきた。桃山商事の活動は単なる遊びの延長で始まったものではあったが、もしかしたら、誰かの悩みや愚痴を聞くことが自分にとって癒やしにもなっているという実感がどこかにあり、それがモチベーションになっていた可能性は大いにある。

悩みというものには、思考の堆積《たいせき》、葛藤の痕跡、欲望の残滓《ざんし》など、様々なものが含まれている。モヤモヤするのは苦しいし、できれば早くスッキリしたいとも思うけど、かといって悩みの患部を直ちに切り離すことはできない。だから悩み相談の場ではたくさんの言葉が費やされる。ああだこうだと語り合いながら心のあちこちに触れ合っていく。余計にしんどくなってしまう瞬間も少なからずあるけれど、誰かが誰かのことを心配して、その人に見えている景色をできるだけ理解しようと試みて、励ましたり慰めたり、一緒に怒ったり悲しんだりするあの時間に、私は確かに救われてきた。格闘の歴史に思いを馳せ、論理の持つ優しさを知り、親身さに宿るエロスに触れ、愚痴というものが放つ熱量に痺れ、ケアという営みの奥深さを学んだ本の数々に、私は確かに救われてきた。東畑さんは酸素や電気の比喩を用いていたが、当たり前に存在しているときはさほど意識もしないけど、失われた途端、生存の危機にすら直結してしまう……ケアやつながりとはそういうものなのだろう。時間がかかったって、いいじゃないか。面倒くさくたって、いいじゃないか。これは〝虹〟ばかり探しがちで、「お茶する」が苦手な男性たちにとって、今後ますます大きなテーマになってくるものではないかと私は思う。

好きな男の姿を見るのは楽しい 好きな男について語るのも楽しい

「男が嫌いなの？」と聞かれるのはなぜか

和室、風呂なし、共同トイレの古びたアパートでひとり暮らしをする20代の青年・山下《やました》は、今日も工場での勤務を終え、銭湯でひと風呂浴びてからいつもの定食屋で夕食を済ます。そして全身黒の革ジャン&パンツという出で立ちに着替え、夜の新宿へと繰り出す。サングラスを光らせ、黒いブーツのかかとを鳴らしながら歩く山下は、若者で賑わう繁華街でナンパでも始める……のかと思いきや、落ちていた空き缶を拾ってゴミ箱に捨て、倒れた自転車を起こし、道ばたで喫煙をしていた少女からタバコを取り上げる。寝ていたホームレスの元にそっと千円札を置き、帰り道で出会った捨て猫とともにアパートへ戻った山下は、ちゃぶ台のショートケーキにろうそくを灯し、「この街は………」「俺が守るッ」とたばこを吸いながら独り言をもらす——。

これは、私が人生で最も読み返してきた漫画『初期のいましろたかし』(いましろたかし／2002年、小学館)に収録されている「CITY NIGHT」という作品のあらましだ。この本は80年代後半から90年代前半にかけて発表された短編作品を集めたもので、山下は主人公的な存在として様々な作品に登場する。「男臭い」「不器用」「むさ苦しい」といった言葉を具現化したようなキャラクターで、本作が描かれたバブル期の社会にあって、山下は時代遅れの男性像として表象されている。

私がこの本と出会ったのは大学生のときだったが、そのほとばしる熱量があまりに強烈で、心をわしづかみにされた。ゲラゲラ笑ったし、不思議と癒やされたし、社会に対する憤りを代弁してもらえたような気にもなれた。山下はハードボイルドな硬派を自認しているけどいつもずっとさみしくて、夜になると「どうして彼女ができないんだ……」とうめき、部屋で自慰行為ばかりしている。人生の一発逆転を狙って山っ気の多いことに手を出すなど、典型的なダメ人間でもある。だけどだけど、下心に負けてナンパを試みた自分をグーで殴り、将来の不安に押しつぶされそうになった夜はガスコンロで己の拳をあぶるような男だ。勤務先の工場でボーナスが出ると知ったときは、毎日まじめに働いてきたことへの労《ねぎら》いと感じて喜びの表情を浮かべるが、支給されたのはたった数枚のビール券で、落胆した仲間の分まで怒りを燃やし、従業員を搾取している経営者の高級車をバールのようなもので叩きつぶして炎上させる……と、まるで冴えない暮らしだけど、やってることもはちゃめちゃだけど、いつも何かと戦っている山下は情に厚くて気高くて、それがどうしようもなくかっこよくてチャーミングで、今なお私の中で最高に魅力的な男性像として輝き続けている。

私はこれまで、「清田は男が嫌いなの？」という質問を何度もされてきた。男性性の問題について考えていると、批判的にならざるを得ない部分が確かに少なくない。家事育児をしない夫、不機嫌な父親、セクハラ上司、避妊をしない彼氏。男性たちのミソジニー、性差別的な言動、ホモソーシャルな悪ノリ、加害性や暴力性、様々な特権とそれに対する無自覚。男性優位な制度も、家父長制的な風潮も、まだまだあちこちに根深く染みついている。拙著『よかれと思ってやったのに』は女性たちから見聞きしてきた「男に対する不満や疑問」がテーマの本だったし、それに続く『さよなら、俺たち』は、そのような社会で〝マジョリティ男性〟として生きてきた自分自身を反省的な視点で振り返るエッセイ集だった。読んでくれた男性からは「お腹が痛くなるような本だった」という声をもらうことが多いし、SNSでも「男を悪者にしすぎ」「男に恨みでもあるの？」「ただのミサンドリー（男性嫌悪）では？」などの批判が実際に届いた。

そう言われてしまうのも、確かに仕方ないことかもしれない。個々の事例を紹介し、そこから浮かび上がる傾向や特徴をジェンダーの問題として考えてきたつもりだが、話を男性全般に広げると主語がどうしても大きくなり、「男叩き」のニュアンスを帯びてしまう。そこはいつも悩ましいジレンマで、できるだけ慎重になりたいと考えている一方、男性たちのひどいエピソードを聞けば聞くほど、男性という属性に罪悪感や問題意識を抱けば抱くほど、自罰的な感情も含め、ミサンドリーのような感覚に引きずり込まれそうになる部分もやっぱりある。

男性の危機が叫ばれる時代のなかで

でも、と思う。例えば男性という属性に恨みがあるとか、身近な男性たちのことを嫌っているとか、男であることをネガティブに捉えているとか、そういう感覚が自分の中にあるかというと、正直あまりピンとこない。むしろ男性たちの話に感情移入する瞬間も多く、拙著『自慢話でも武勇伝でもない「一般男性」の話から見えた生きづらさと男らしさのこと』はまさにそのような本だったし、ここ数年は男性限定のおしゃべり会も積極的に開催し、共感ベースの連帯を育めている実感もある。なんなら男性の話は、私にとって今最も興味のあるテーマとすら言えるかもしれない。

これから書いていくのは、私が個人的に心を揺さぶられた男性たちの話だ。友達にも仕事仲間にも、お笑い芸人にもスポーツ選手にも、物書きにもミュージシャンにも、素敵な男性はもちろんたくさんいる。でも、現実に生きる人を取り上げてああだこうだ言うことはできない。そこで焦点を当てたいのがフィクションの中に描かれる男性像で、そこには時代や社会の変化が色濃くにじんでいる。具体的にはNHKの連続テレビ小説『虎に翼』(吉田恵里香=脚本、2024年)と『らんまん』(長田育恵=脚本、2023年)、漫画『違国日記』(ヤマシタトモコ=作)と『女の園の星』(和山やま=作、2020年〜、祥伝社)、いましろたかしの作品群に出てくる男性像などを取り上げていく。

フィクションに描かれる男性像の分析はジェンダー研究の場でも盛んで、個人的には2014年に刊行された『ディズニープリンセスと幸せの法則』(荻上チキ=著、星海社新書)という本で初めてその視点を学び、それ以降、ドラマや漫画などに出てくる男性たちの描かれ方を注視するようになった。最近の本では『新しい声を聞くぼくたち』(河野真太郎=著、2022年、講談社)と『マジョリティ男性にとってまっとうさとは何か』(杉田俊介=著、2021年、集英社新書)が非常に学び深かったし、男性性が直接のテーマになっているわけではないが、ドラマ研究者・岡室美奈子の『テレビドラマは時代を映す』（2024年、ハヤカワ新書）もとても参考になる一冊だった。

本稿で紹介していく男性像には私の好みが多分に反映されているが、その選定基準となっているのが「ときめき」や「感動」だ。この本でも様々な作品を紹介してきたが、その多くが女性の作り手によるものか、女性たちの苦悩や連帯がテーマになっているものだった。SNSを中心とするフェミニズムの波や、2017年から世界で広まった「#MeToo」ムーブメントなどの影響もあり、家父長的な価値観に根ざしたストーリーやキャラクターが抜本的に見直され、因習の打破や呪縛からの解放、抑圧への抵抗や傷を媒介にした連帯など、自由と尊厳を賭けた女性たちの物語が次々と描かれていった。

その一方で男性の加害性や特権性にも焦点が当たるようになり、例えばかつてヒーローに見えていた男性像が、実はバリバリの家父長的な感覚に囚われている男性だったことが見えてきたり、わちゃわちゃとはしゃぐ男たちの姿が、実は典型的なホモソーシャルの産物だったことが見えてきたりするようになった。一途な恋心は執着の恐怖と紙一重で、穏やかな人間性の裏には男性特権の気配が漂い、デキる男にはモラハラの香りを嗅ぎ取ってしまう……。岡室さんはかつてご一緒したトークイベントで「ドラマにおける男子の危機」「男性の存在感が希薄なドラマが増えている」と話していたが、男性像をどう描いていくかは、現代のフィクションにおける大きな課題と言えるかもしれない。

しかし、そんな状況にあっても心惹かれる男性は少なからず存在する。例えばドラマ『逃げるは恥だが役に立つ』（2016年、TBS系）の津崎平匡《つざきひらまさ》（星野源）は社会現象になるほど魅力的なキャラクターだったし、NHKの朝ドラ『あさが来た』（2015年〜2016年）の五代友厚《ごだいともあつ》（ディーン・フジオカ）や、ドラマ『カルテット』（2017年、TBS系）の別府司《べっぷつかさ》（松田龍平）と家森諭高《いえもりゆたか》（高橋一生）なども素敵な男性たちだった。彼らは相手の話をよく聞き、対話による合意形成を重んじ、ケア役割も積極的に引き受けるタイプで、いわゆる〝有害な男性性〟と呼ばれるような要素とも縁遠い。そういった男性像が2010年代後半くらいから存在感を増してきた印象で、これから紹介していく男性たちも基本的にその延長線上にいるイメージだ。しかし、彼らは単にフェアで優しい男性というだけではない。その言動には見る者の心を揺さぶる何かが宿っていて、それはこれからの〈俺たち〉を考える上で重要なモデルになると思うのだ。

〝向き合う男〟『違国日記』の笠町信吾

2024年に映画化されたことでも話題になった漫画『違国日記』は、35歳の少女小説家・高代槙生《こうだいまきお》が、交通事故で両親を失った15歳の中学生・田汲朝《たくみあさ》と共同生活を始める〝年の差同居譚〟だ。朝は槙生の姉・実里《みのり》の子どもで、ふたりは姪と叔母という関係に当たる。槙生は生前の実里と関係が悪く、何かと高圧的な姉を憎んでさえいたのだが、葬式の場で朝をたらい回しにしようとしていた親族たちを見かね、それまで交流のなかった姪を引き取ることを突如宣言する。人懐っこくて甘えたがりな朝、人見知りで自他の境界線を重んじる槙生と、まるでタイプの異なるふたりが少しずつ距離を縮めたり、ときにすれ違ったりを繰り返していくこの物語にあって、相談役のような、調整役のような、世話人のような役割を果たしているのが、槙生の元恋人・笠町信吾《かさまちしんご》だ。

訳あって別れてしまったあともよき友人であり続けた笠町は、かつての失敗を踏まえて再び槙生と親密な関係を築いていく。企業勤めのサラリーマンで、体力にもコミュニケーション能力にも恵まれ、パッと見はいかにもな〝マジョリティ男性〟だ。優しくて気づかいも細やかで、朝や槙生の話にもじっくり耳を傾け、ピンチのときには全力で力になってくれるその姿は、マジョリティ男性のひとつの理想像にすら映る。しかし、彼の魅力はそこだけではない。笠町は物語を通じて自分の中の様々な問題と向き合っていく。凡庸さに対するコンプレックス。槙生への憧れ。思春期に母親から受けていた期待の息苦しさ。それに応えられなかったことの挫折感。かつて槙生に踏み込みすぎてしまったことの後悔。嫉妬心やさみしさ。大人としての責任。父親への憎しみ。それでも父親から愛されたかったという複雑な思い――。とりわけグッときたのは、朝と槙生の暮らしを後見監督人としてサポートしている弁護士・塔《とう》野《の》和《かず》成《なり》と「男社会の洗礼」について語り合ったシーンで、笠町は塔野にこのようなことを語る。

> より危ないことをしたやつが勝ち／より女の子をモノ扱いできるやつが勝ち／より楽をしていい目を見たやつが勝ち／その連鎖を断ち切らないでチキンレースやって冷笑してる／本当はプレッシャーで死にそうなのに／そこしか知らなくてそこから落ちたら終わりだと思って必死でしがみついてた／他にいくらでも「なっていい自分」はあったしそんなチキンレースで自分の価値を試す必要なんてなかったのに
>
> （ヤマシタトモコ『違国日記』第7巻、２０２１年、祥伝社）

ふたりの会話の背景には、男らしさの呪縛に囚われる様々な男性たちの姿がスケッチされていく。感情を抑圧し、弱音を吐かず、与えられた役割を黙々とこなし、何ごとにも動じず、鈍感であることが賞賛され、危険を冒して度胸を示す――。そんなマッチョな価値観が支配する「男社会の洗礼」は、私にとっても身に覚えのあるものだ。笠町はそのプレッシャーから逃げることでやっと〈人間〉になれたと吐露していたが、それは

『さよなら、俺たち』でテーマにした「human beingとしての私」ともつながることで、男同士で「わかるわかる」って共感し合いたくなるような場面だった。

〝巻き込まれる男〟『女の園の星』の星先生

漫画でもうひとつ、男性像の描かれ方が印象的だった作品として『女の園の星』を挙げたい。これはとある女子高校を舞台に繰り広げられるナンセンス・コメディで、生徒たちのくだらない雑談、妄想や連想ゲームなどがテンポよく展開していく。平和で他愛ないシーンの連続なのに毎回爆笑させられてしまうこの作品において、重要な存在感を放っているのが主人公の国語教師・星三津彦《ほしみつひこ》（星先生）だ。

星先生の魅力は、〝巻き込まれ体質〟とでも呼びたくなる部分に宿っている。変なあだ名で呼ばれたり、観察日記をつけられたり、写真を勝手にグッズ化されたりと、生徒たちに何かと翻弄される日々なのだが、すぐに巻き込まれてしまうところが本当におもしろい。星先生はクールな風貌で言葉づかいも丁寧で、誰に対しても一線を引いて接するタイプだ。女子校における男性教師という立場も意識しているだろうし、他者からむやみに踏み込まれたくない性格という部分も大きいように感じるが、基本的には他人行儀な態度なのに、それでもなぜかいろんなことに巻き込まれてしまう。それはおそらく、星先生の内側には旺盛な好奇心が潜伏しており、それがしばしばポーカーフェイスでは隠し切れないほどせり上がってきてしまうからだ。

例えばコミックス1巻の第1話では、学級日誌の備考欄で展開される「絵しりとり」がテーマになっている。それは生徒たちが勝手に始めたもので、担任としてはやめるよう注意してもおかしくないところだが、〈いつしかそれを楽しみにしている自分がいる〉ことに気づき、その日も謎めいた人間の絵が何を意味しているのか、延々頭を悩ませることになる。続く第2話ではなぜか教室で犬を飼い始めることになり、第3話ではテスト中に漫画を描いていた生徒を注意したことがきっかけで、なぜかそこからシナリオ作りの協力をすることになる。こうして様々なことに巻き込まれていく星先生だが、面倒くさいけどおもしろい、逃げたいけど知りたい、やめさせたいけどもっと見たい……というように、理性と好奇心の、あるいは規範と欲望の板ばさみになり、表向きはポーカーフェイスを保ちつつ内側でぐらぐら揺れ続ける姿がとてもチャーミングだ。

女子生徒たちの間にはひたすら自由で伸びやかな空気が漂っているが、それは多分、星先生をはじめ男性教師たちに威圧感や権力性が皆無と言っていいほど感じられないからだ。それは気を遣っているがゆえの優しさとも、ハラスメントに配慮しているがゆえの丁寧さとも微妙に異なり、もっと肩の力が脱けたような何かとして映る。職務や責務はしっかりまっとうしているが、個人としての人間性も失われていない。生徒から観察される側であることを受け入れつつ、媚びず出しゃばらず、コントロールもしようとせず、そこにあるノリや流れをむやみに邪魔しない。「教師」という立場や権力を持っている年長の男性が〝女の園〟で共生する上で、これはとても大事なポイントだろう。

この作品がこんなにも笑えるのは、絵のタッチやセリフ回し、展開やテンポなど、漫画としてのセンスや技術ももちろん大きいはずだが、それと同じくらい、可笑しいと感じたこと、変だなと思ったことが、〝生成《きな》り〟とも言うべき状態で表現されているからではないか。ここで展開される雑談や遊びからは、「実際にそう感じたんだろうな」「本当にそういうことがあるんだろうな」と、そこに存在するものをすくい上げて肯定していくような感覚を抱く。また、ここには「心理的安全性」という言葉で表現されることの多い、邪魔されず、否定されず、踏みにじられず、傷つけられず、安心して自由にモノを言える空気感が漂っている。だからこそ生徒たちは思ったことをそのまま口にできるのではないかと感じられてならない。

こういった感覚について、私は『さよなら、俺たち』ではさくらももこの作品群を例に、『おしゃべりから始める私たちのジェンダー入門』では阿佐ヶ谷姉妹の笑いを例に考察を試みてきた。それぞれ「beingの世界」「女性的なセンス」と呼んできたこれらのおもしろさは、バラエティ番組的な文法——誰かをイジって茶化したり、役割を決めて会話を回したり、話の展開にアップダウンをつけたり、「普通／異常」などの対立構図を作って落差を生み出したりと、空気や文脈をコントロールしながら笑いを生み出していくやり方とは明らかに質が異なっている。なんでもジェンダーに絡めるのもあれかもしれないが、パターンやフレームに頼り、落差や強度を競い合って笑いを生み出していく感覚はどことなく男性的だ。そういったものから縁遠い『女の園の星』は、男性的な笑いの文法に囚われた私たちの感受性を優しくほぐしてくれる作品でもあると思う。

〝振り回される男〟『らんまん』の井上竹雄

私は10代の頃から朝ドラのファンで、思い入れの深い作品が時代ごとにある。近年は朝ドラの黄金期とも言え、２０２３年は植物学者・槙野《まきの》万太郎《まんたろう》（神木隆之介）の生涯を描いた『らんまん』に、２０２４年は弁護士・佐田寅子《さだともこ》（伊藤沙莉《さいり》）の活躍を描いた『虎に翼』に、それぞれ胸を躍らせながら日々のストーリーを追いかけていた。名作ドラマには素敵な登場人物が目白押しだが、中でもとりわけ心を奪われたのが『らんまん』の井上竹雄《いのうえたけお》（志尊淳）と『虎に翼』の轟太一《とどろきたいち》（戸塚純貴）だ。

竹雄は槙野家が営む土佐の老舗酒蔵「峰屋《みねや》」の奉公人で、親が番頭をしている関係もあって9歳の頃から年の近い万太郎の世話役を務めている。万太郎は将来的に峰屋を継ぐ立場にありながら、根っからの植物好きで、目を離すとすぐに家業そっちのけで草花を探しに出てしまう。生まれつき病弱で、少し無理をしただけで体調を崩してしまうところもあり、そんな万太郎を竹雄は献身的にサポートしていく。万太郎の姉・槙野綾《あや》（佐久間由衣）にはずっと秘めたる想いを寄せており、竹雄にとってふたりは生き甲斐のような存在となっている。

物語の序盤、そんな竹雄に転機が訪れる。植物学の道に進むことを諦め切れなかった万太郎が、祖母で当主の槙野タキ（松坂慶子）に許しを乞い、峰屋を離れて東京に出ることを決意するのだが、そこでいったん世話役を御免となった竹雄は、タキから「今後どうするかは自分で決めたらいい」と告げられる。峰屋に残ってお店や綾への奉公を続けていく道、万太郎と一緒に上京して生活や研究のサポートをしていく道……。いきなり人生の決断を迫られた竹雄は、そこで大いに戸惑う。庭で井戸水を浴びながら「まったく、みんな勝手じゃ」「急に自分で決めろと言われたって」「何やりたいかなんて今まで誰も聞かんかったろ！」とひとり不満を爆発させるシーンは、ドラマの序盤を彩るハイライトのひとつだ。

竹雄にとってはアイデンティティ・クライシスのような出来事だったが、同時にこれは、奉公人という〝役割〟から、自分の意思と選択で生きる〝個人〟に生まれ変わる瞬間でもあった。そして万太郎とともに歩むことを決断し、上京してからは主従関係を捨て、相棒として新たに関係を結び直す。長屋で共同生活をし、身の回りの世話を焼き、研究や植物採集を意欲的にサポート。自らもレストランで働き、洋装のボーイとして人気を博していく竹雄は、相変わらず万太郎に振り回されっぱなしではあるものの、一緒に旅を楽しむようにわくわく東京での日々を過ごしていく。互いに感謝と好意を惜しみなく表現し合うふたりは、男同士の関係における素敵なモデルとして映った。

そんな竹雄をめぐる物語は、ドラマの中盤でひとつのクライマックスを迎える。万太郎が東京でひと目惚れした女性・西村《にしむら》寿恵子《すえこ》(浜辺美波)と結ばれ、みんなで土佐に帰省するのだが、綾と久しぶりに再会した竹雄は、そこで長年の想いを伝えることになる。そのとき峰屋は政府の締め上げなどもあって経営の危機に瀕しており、店を背負う立場の綾は責任を感じてひとり思い悩んでいる。酒の密造や横流しを防ぐため、土佐中の酒蔵に組合を作ろうと声をかけるも、けんもほろろに断られた上、性差別的な言葉まで浴びせられてしまう。私が女だからいけないんだ、私は峰屋にとっての呪いで、このままでは峰屋のみんなを守れないと自分を責める綾に対し、竹雄はこのように言い放つ。

「うちの者らぁはそんなヤワじゃないき。なんかあったち勝手に生きてく。綾さまも、目の前だけ見よったらえいがじゃ。はっきり言うちょく。あなたは呪いじゃない。祝いじゃ。酒蔵におるがが女神じゃゆうがやったら、あなたこそが峰屋の、祝いの女神じゃき。あなたが心から、うちの峰乃月が変わらずうまいゆうて笑うちょったら。それが最上の言祝《ことほ》ぎじゃ。」「そうじゃあ。飲んだくれの女神じゃ。わしはそういう女神さまに欲しがられたいがじゃ」

（『NHK連続テレビ小説　らんまん　上』2023年、NHK出版）

綾が背負い込んでいるものを軽くし、綾にかけられた「酒蔵に女が入ると蔵の神が怒る」という呪いを解き、あなたこそ祝いの女神だと綾を全力で肯定し、そんなあなたに欲しがられたいと偽りのない気持ちを述べて愛を伝える――。私はこのシーンを観たとき、ときめきのあまり思わず悶絶してしまった。と、尊い……。これを経てふたりはめでたく結ばれ、竹雄は土佐に残ることを決断する。そして相棒としての役目を寿恵子に託し、万太郎との長旅はここで幕を閉じることとなった。

〝勇ましくて柔らかい男〟『虎に翼』の轟太一

優しくて情に厚い男として回を追うごとに存在感を高め、SNSで「#俺たちの轟」というハッシュタグが生まれるほどの人気者となっていった轟だが、意外なことに登場時は男尊女卑的なことを言うキャラクターだった。轟は寅子と大学の同級生で、最初は学生帽にヒゲ、裸足に下駄というバンカラな出で立ちで、女子学生たちに敵意のようなものを向けていたのだが、ともに学ぶ日々を過ごすなかで寅子たちの熱意に触れ、自分の考えが間違っていたことを認めるに至る。そして、自分が〝男らしさ〟だと思っていたものが実は性別とは無関係だったことに気づいたり、同郷の幼なじみで一緒に弁護士を目指す花岡悟《はなおかさとる》（岩田剛典《たかのり》）に説教をして性差別的な態度を改めさせたりと、勇ましさと柔らかさを内包しながら変化していく姿が轟の魅力のひとつだ。

大学を卒業し、晴れて弁護士になったあとも、轟は寅子や同じく同級生の山田《やまだ》よね（土居志央梨）らと良き友人関係を続けていく。花岡が互いに好意を抱いていた寅子との結婚を諦め、他の女性と早々に婚約した際は、「本当にそれでいいのか？」と花岡に説教するなど、相変わらず熱いキャラクターを発揮していた轟だが、戦争を生き延びて東京へ戻ってきたタイミングで大きな転機が訪れる。判事となっていた花岡が、栄養失調で亡くなったことを新聞で知ったのだ。
花岡の死は、轟にとって大きな意味を持つことになる。偶然再会したよねとの語らいのなかで、実は花岡への思いが友情とは異なる何かだったことにおぼろげながら気づいていく。花岡と同じ大学に進めたのがうれしかったこと、花岡がいなかったら弁護士を目指していなかったこと、判事になった花岡が兵隊に取られずに済むとわかって喜んだこと──など、泣きながらよねに花岡への思いを吐露する場面は、『虎に翼』におけるハイライトのひとつだ。それは後に、もっと明確な言葉で寅子にこう語られる。

「……人間なんて、そんなもんだ。今振り返ってみればの連続。過ぎてから分かることばかりだ」「……今振り返ってみれば、子供の時から俺は、やたらと【男らしさ】にこだわっていた。男という型にハマっている実感を、いつも欲していた」「今振り返ってみれば、佐賀にいる時も、花岡が学校に行く時間に合わせて、俺も家を出た……学校に向かう道で会えるように、話せるように」「今振り返ってみれば、弁護士になる夢を嬉しそうに語る花岡の顔が見たくて俺は同じ弁護士になる道を選び、だから同じ明律大で学べることを喜んだ」「花岡への気持ちに気づいたのは、それこそあいつの死をきっかけに自分を振り返って……いや、山田が俺に『あたしの前では強がらなくていい』と言ってくれたからだ」「山田と話せていなければ、自分を振り返れていたかも分からない。一人答えを出せずに……心が壊れていたかもしれん」「今振り返ってみれば、自分の気持ちを知った後も、どうせ俺のことは世の中には分かってもらえまいと諦めていた……そんな時、友人の付き添いで事務所にやってきた時雄《ときお》さんに出会った」

（『ＮＨＫ連続テレビ小説「虎に翼」シナリオ集第21週』２０２４年、ＮＨＫ出版）

戦後に日本国憲法が施行され、その第14条で「すべて国民は、法の下に平等であって、人種、信条、性別、社会的身分または門地により、政治的、経済的、社会的関係において、差別されない」と定められているにもかかわらず、なぜ結婚するとどちらかが名字を変えなければならないのか、なぜ同性同士の結婚は認められないのか……。轟のセリフは、寅子たちがそのような問いに直面した際に語られたものだ。時雄という同性の恋人がいる轟は、その関係を法的に支える保障がない現状を踏まえた上で、「爺さんになって人生を振り返った時、俺は心から幸せだったと言いたいんだ」と話を結ぶ。この場面はバンカラ姿で登場した轟の、生まれてから現在に至るまでの歴史が、すべてひとつながりのものとして立ち上がってくる感動的な瞬間だったように思う。

俺たちには「好きな男」が足りてない

ここまで山下、笠町、星先生、竹雄、轟と、5人の男性像を描写しながらその魅力や特徴について眺めてきた。みんな最高の男たちで、その言葉に、その振る舞いに、私は胸を躍らせ、ときに涙してきた。本稿の前半では「これからの〈俺たち〉を考える上で重要なモデルになると思う」と書いたが、ここで挙げてきたような魅力の要素をつなぎ合わせ、「理想的な男性像」のようなものを描き出していきたいという狙いが、当初は確かにあった。

でも、書いていく内にそれはちょっと違うかもと思うようになった。もし仮に素敵な男性像というものが存在するとしても、それは多分、学習してなれるものではない。そうではなくて、こうして誰かにときめいたり、何かに心を揺さぶられたりすること自体が決定的に大事なのかもしれない。感動とは心身が強烈に反応している状態のことで、そこには自分を知るための手がかりがいろいろと埋まっているし、感動によって自分自身が変化してしまう部分も多々ある。そういう瞬間が重なっていくことで、自ずと自分なりの像ができていく——。そういうことなんじゃないかと思うに至った。

好きな男の姿を見るのは楽しい。好きな男について語るのも楽しい。山下は生真面目で不器用で何をするにも唐突で、「うまくやる」ということが絶望的にできない。でも常に魂は高潔で、それは「結果」とか「合理性」なんかよりもずっと大事なことなんだって教えてくれる。笠町は逆に、小器用に世間を渡れてしまう自分にコンプレックスを抱いていた。凡庸な人間であることを嘆き、どうすればいいのかと悩みながら今できることを精一杯やっていた。社会的な規範や立場を重んじながらも、ついつい好奇心に引っ張られてしまうのが星先生だった。葛藤の末に内側からbeingなものがあふれ出てしまう瞬間って、なぜこんなにもおもしろいのだろうか。でも、それこそが「自由」というものなのかもしれない。解放された竹雄の活躍は驚異的だった。ふたり分の生活費を稼ぎ、研究にも付き添い、愛をまっすぐ表現していく。利他的であることと、自分の気持ちに正直であることは、間違いなく両立する。それは轟も同じで、自分の気持ちをちゃんと大事にしてあげられる人だからこそ、あんなにも他者に対して優しくできるのだと思う。そしてそれは、その人の言葉や態度に色濃くにじみ出るものなのだ。

彼らを見ながら「自分もこうなりたい」って思う瞬間がたくさんあったし、彼らの中に自分自身を発見する瞬間も少なからずあった。多分、好きってそういうことなんだろうなって思う。俺たちに足りていないのは、もしかしたら、好きな男に出会うこと、好きな男について考えること、好きな男の話をすること、そして自分自身を好きになってあげること――なのかもしれない。確かに男性性にまつわる課題は山積みで、「男性の危機」が訪れているのも事実だとは思う。でも大丈夫。素敵な男はたくさんいるし、俺たちだってそういう男になっていけるはずで、「感動」や「ときめき」がちゃんとその方向を照らしてくれる。

もう誰かと恋愛することはないと思うけれど

〝恋愛以外〟で得られた特別な感情体験

2024年の夏、桃山商事は長年掲げてきた〝恋バナ収集ユニット〟という看板を下ろした。子育てや仕事の多忙、コロナ禍などの影響で、人々の恋愛相談に耳を傾ける活動が以前のようにできなくなってしまったこと、またメンバーが年齢を重ね、徐々に恋バナと当事者性が乖離していってしまったことなどがあり、みんなで相談して看板を下ろすことを決めた。それに伴い、定期更新しているPodcastも『桃山商事の恋愛よもやまばなし』から『桃山商事』というシンプルな番組名になった。自分たちの体験や寄せられたエピソードを紹介していくスタイルに変わりはないが、ジェンダーやカルチャー、人間関係や社会の問題など、番組としても書き手としても扱うテーマが少しずつ広がっているように思う。大学生のときに遊びのような感じで始まった活動が、こうしていろいろ変化しながら20年以上も続いていくとは想像すらしなかった。

もちろん、恋愛についてまったく触れなくなったわけではない。むしろ少し距離を取ってみたことで、恋愛の問題について考え続けてきたことが自分の思考や発想の土台になっていることを改めて実感したし、やっぱり恋バナは楽しいし奥深い。つらい話や深刻な悩みごとも少なくないし、無邪気にわいわい語らってばかりもいられないのだが、どのエピソードも誰かが誰かと真剣に向き合った結果であり、そこにはその人自身の何かが色濃く表れていて、聞いているこちらも強く感情を揺さぶられる。思いも寄らない発見があったり、すっかり忘れていたような記憶が突如よみがえったりする。そうやって自己開示し合いながら一緒に悩みの出口を模索する時間はなかなか得難いものだと感じるし、互いの経験が共鳴し、深い共感が得られたときにはある種の恍惚感――桃山商事の言葉で言う「コミュニケーション・オーガズム」がわき起こったりもする。

しかし一方で、それは恋愛の話に限ったことなのだろうか、とも思う。様々な恋バナや悩み相談に耳を傾けていると、「俺もそういう気持ちになったことがあるぞ……」という既視感のある記憶として〝恋愛以外〟の経験がよみがえってくる瞬間が多々ある。例えばある人は意中の相手から突如ＬＩＮＥが返ってこなくなり、「どうして急に連絡がつかなくなったのか」「何か気に障るようなことを言ってしまったかもしれない」と無限に推測をめぐらせてしまう状態に苦しんでいたが、このとき私が思い出したのは、定期的に原稿の依頼をくれていた媒体から声がかからなくなり、「自分の文章が飽きられたのではないか」「他の書き手に椅子を奪われたかも」とネガティブな思考の沼にハマり込んでしまうときのことだった。

嫉妬やときめき、出会いや別れ、告白や浮気、未練に復縁など、とかく恋愛の文脈で語られがちな感情や出来事は、実は恋愛以外の場面でも経験しているものかもしれない。友達とおしゃべりしているときにも、懐かしい街を通りかかったときにも、変な時間に目覚めてぼんやりスマホを眺めているときにも、恋愛を通して抱く感情と似たようなものを体験しているような気がする。片想いのドキドキも、失恋の喪失感も、セックス中の多幸感でさえも、実は恋愛の専売特許ではないかもしれない。もちろんそれだけでなく、名づけることができない感情や、どう分類していいかわからない出来事だってたくさんあるはずだ（そういうものを私たちはざっくり「エモい」と表現しているのかもしれない）。それらの中でたまたまいくつかの条件に当てはまったものだけが「恋愛感情」や「恋愛経験」として語られているだけで、視野を広げればもっとバラエティ豊かな感情体験が浮かび上がってくるのではないか……。

ここではそんな仮説のもと、恋愛以外で得られた特別な感情体験を紹介しながら「恋愛とは何か」について考えていく。素材になるのは私自身のエピソードばかりなので、これがどこまで普遍的なものなのかは正直わからない。それでもやっぱりあると思う。何かに心を奪われたり、何かを独り占めしたくなったり、誰かを深く傷つけてしまったり、誰かに自分を受け止めて欲しくなったりする瞬間が。恋愛で得られるものは恋愛以外でも得られるかもしれないし、それでもやっぱり恋愛でしか得られないものがあるかもしれない。そもそも私たちが恋愛だと思っているものは一体なんなのか――。この原稿を通じてそんなこんなについて考えていけたらと思う。

「俺じゃないんだな」という苦しみ

相談者のM子さんは片想いの苦しみに悩んでいた。相手は彼女にとって職場の先輩にあたる男性で、クールそうに見えて実は熱い人柄や、仕事の細部までこだわり、美意識すら感じるその姿勢に惹かれ、憧れがいつしか恋心に変わっていった。しかし先輩には仲の良い同期女性がいて、ふたりは恋愛関係ではないものの、社内の実力派コンビとして周囲から一目置かれている。M子さんはそんなふたりの関係に嫉妬していた。自分はまだまだ実力が足りない。早く先輩の役に立てるようになりたい。そんな気持ちで仕事に取り組む一方、先輩と同期女性のバディ関係があまりにまぶしく、恋愛感情が募れば募るほど苦しくなっていくというのがM子さんの状況だった。

わかる、と思った。そこでふと思い出されたのが、中高時代に同じサッカーチームに所属していたひとつ上の先輩Tくんだった。私が生まれ育った街にはふたつのクラブチームがあり、中学生になるとそれらがひとつに合流するという感じになっていて、Tくんは小学生のときに何度も対戦したことのあるライバルチームの中心選手だった。中学生になり、ひとつ下の後輩としてチームメイトになった私は、日々一緒に練習をするなかですっかりTくんに魅了されていった。彼はボールを扱う技術に長《た》けたエレガントなプレイヤーで、相手の両足の間にボールを通してかわす「股抜き」や、ふわっと浮かせたボールでキーパーの頭上を越える「ループシュート」、ディフェンダーとディフェンダーの間を通して決定機を演出する「スルーパス」などを得意とし、チームの司令塔として君臨していた。

めちゃくちゃかっこよかった。髪の毛がサラサラでいつもいい匂いがして、私は猛烈に憧れてひたすらTくんのプレーを真似した。自分もあんなプレーをしてみたい、Tくんに認められたい、一番弟子として扱われたい……と思いはどんどん膨れあがり、いつもコバンザメのようにくっついていたが、Tくんが相方として認めていたのはチームのキャプテンKくんだった。かつてライバル関係だったふたりは中学で同じチームになり、『キャプテン翼』における翼くんと岬くんのような名コンビを築いていた。互いを下の名前で呼び合い、プレーで会話し、ともに激しい接触プレーも厭《いと》わず、劣勢でも諦めない姿勢でチームを引っ張っていく……。ふたりからは他が入り込めないような独特の空気が漂っていて、それが羨ましくもあり妬ましくもあった。「俺じゃないんだな」と痛感させられた。後輩としてかわいがってはもらったが、常に〝遠さ〟のようなものを感じていた。フィジカルが弱く闘争心も希薄な私はいつまでもTくんのプレーを表層的に真似するばかりで、結局レギュラーに定着することはできなかった。謎に髪型と背番号まで真似していて、驚くべきことにそれは40代になった今も続いている。

空っぽになった部屋で

失恋とは〝小さな死〟とも言うべき喪失体験だと思う。告白して振られた、別れを告げられた、いきなり連絡が取れなくなった、未練が断ち切れない、なんとかして復縁したい……と、相談に来る人たちはみな苦しんでいる。失恋と聞くと振られる側の話に感じるが、別れを切り出そうとしている側も、しんどい恋愛に決着をつけようとしている側も、恋人に愛想を尽かして気持ちがゼロになっている側でさえ、抱えている苦しみはそれぞれに深い。

失恋とは単に相手を失うだけでなく、その相手がいるという前提で成り立っていた日常や自分自身を失う体験だ。定期的に取り合っていた連絡、ふたりで築いた習慣や共通言語、その人がいてくれることの安心感、その人にしか見せられない顔、その人と過ごすはずだった未来など、そういう諸々を手放すことになるのが失恋で、これを乗り越えるためには日常を再構築し、その人のいない毎日に少しずつ慣れていくしかない。その体験は近しい人を亡くしたときの何かとも通じるものがあるのではないか。それが〝小さな死〟と感じるゆえんだ。

私が初めてこのような感情を味わったのは中学3年生のときだ。きっかけは恋愛……ではなく引っ越しだった。それは1995年のことで、私の実家は商店街で電器屋を営んでいたのだが、この頃になるとバブル崩壊の影響が家族経営の個人商店にも波及していて、子どもの目にもわかるほど売り上げが激減。そして赤字経営になり、暮らし慣れた持ち家を売るハメになった。

引っ越すことになるかもしれないという話は親から聞いていた。でも買い手が見つからないことには動きようがなく、どうなるかはまだわからないとも言っていた。私はしばらく恐怖心と現実味のなさが入り混じったような気分で過ごしていたが、引っ越しはある日突然決まった。

物心ついたときから住んでいた家が人手に渡る――。私はこの現実をなかなか受け入れることができなかった。荷物を運び出して空っぽになった部屋からは圧倒的な〝あっけなさ〟が漂っていて、自分が本当にここで暮らしていたのか、よくわからなくなってくる感覚があった。私は自分の部屋の隅っこの、絨毯がちょっとめくれているところの裏側にマジックで名前を書いた。ベッドのあったところに寝転がったりもした。そしてこの家の最後のひとりになろうと、両親と妹が出たのを見届けてから玄関をあとにした。

ところがこれで終わったわけではなかった。引っ越した先は徒歩圏内の距離にある電器屋の店舗面積を半分にし、残り半分を住居用にリフォームした部屋だった。私は学校帰りや週末の朝にこっそり元の自宅へ通った。玄関の郵便受けから細長い棒を使って鍵を開け、中に入り、何もない部屋でめそめそ泣くということを何度か繰り返した。隣人に出くわしてしまい、「間違えてこっちに帰ってきちゃいました」と笑ってごまかしたこともあった。それまで当たり前のように存在し、人生の様々なシーンを共にしてきたにもかかわらず、ある日を境に関係が切れ、それまでの時間がまるで幻だったかのように感じられてくる……。引っ越しもまた〝小さな死〟を思わせる喪失体験かもしれない。

チャットモンチーのこと

拙著『さよなら、俺たち』には「あの人がいない人生を生きるのだ」というエッセイが収録されている。恋愛のほとんどは終わってしまう。それは避けがたいことだけど、相手と過ごした時間やそこから受け取ったものが消えるわけではない。それらとどう向き合い、「あの人がいない人生」をどう生きるべきかを考えたテキストだった。現在の私にとって、その対象として最も当てはまるのが昔の恋人……ではなく、人生で最も熱を上げたバンドであり、2018年の活動終了に涙したチャットモンチーだ。

そのラストアルバム『誕生』には『砂鉄』(作詞＝高橋久美子／作曲＝チャットモンチー)という曲が収録されている。これはチャットモンチーの黎明期を支え、2011年に惜しまれながら脱退した元メンバーの高橋久美子が、バンドを離れてから初めて作詞家として制作に参加した楽曲だ。歌の2番にはこのような言葉がつづられている。

砂場に磁石入れたら
砂鉄だけ持ち上がるように

別の星に生まれていても
僕らは出会ったのだろうね
鏡の裏　色あせたバックステージパスは2004
今も鼻歌歌いながら歩いてるよ

チャットモンチーといえばスリーピースバンドを思い浮かべる人も多いかもしれない。2005年にメジャーデビューし、『シャングリラ』『女子たちに明日はない』『染まるよ』などヒット曲を連発していた頃は橋本絵莉子（ギター&ボーカル）、福岡晃子（ベース）、高橋久美子（ドラム）の3人体制だった。学生時代からの友人同士で仲が良く、いつまでも3人でバンドを続けてくれるんじゃないかと思わせる雰囲気があり、それだけに高橋の脱退は非常にショッキングな出来事だった。

しかし、チャットモンチーはそこからがすごかった。少しの休養期間を挟んだのち、ベースだった福岡がドラムを叩き、ときに橋本がベースを弾いたりもするという、それまでの編成をガラッと変えたツーピースバンドとして活動を再開したのだ。これには本当に度肝を抜かれた。ふたりにとって高橋の脱退は一大事だったはずだが、演奏や歌詞、発言や振る舞いなど、そのすべてから「変わるんだ」「戦うんだ」「前に進むんだ」というオーラがほとばしっていた。

私には子どもの頃から過度に感傷的なところがある。それ自体が悪いというわけではないが、過去に執着したり、変化を頑なに拒もうとしたりと、自分のそういう性格をあまり好きになれなかった。女性たちから見聞きする恋愛相談のなかにも感傷的な男性の話がよく出てくる。ずっと元カノを引きずっている男性や、学生時代の恋愛を人生のハイライトのように語る男性、別れたあとにポエムのようなメールを送ってくる男性など……。未練のような気持ちを責めるのは酷な話だが、ポイントはそこではない。男性たちの言葉からは、なぜ別れることになってしまったのか、その原因や背景と向き合っている様子がまるで見えてこない。現実を直視せず、見たいものだけで構成された甘美なイメージの中に閉じこもっているその感じこそ、女性たちが抱く違和感の正体だった(桃山商事ではこれを「センチメンタル無反省」と呼んでいる)。

メンバーの脱退に後ろ向きな感傷を引きずっていた私は、新生チャットモンチーの姿に強烈なビンタを食らった気分になった。彼女たちはその後も『変身』というアルバムをリリースし、ふたりで精力的にライブをこなしていき、2014年からはサポートメンバーを加えた大所帯での活動も始め、かと思えば「生演奏+打ち込み」というそれまでにないスタイルに挑むなど、刻々と変化し続けながら突き進んでいった。「やれることは全部やるんだ」という気合いが伝わってきた。そして「やりきった」との思いに至り（橋本・福岡ともに様々なインタビューでこの言葉を使っている）、2018年にチャットモンチーを「完結」させた。

先ほど引用した『砂鉄』は、こういった歴史を締めくくるタイミングで発表された楽曲だった。私の中には「いつかまた3人に戻ってくれたらいいな」という身勝手な期待が存在していたが（これぞセンチメンタル無反省……）、彼女たちの姿勢を見るにそれはあり得ないだろうともどこかで感じていた。ラストアルバムの曲で高橋が作詞を担当したことを知ったとき、私は思わず泣きそうになった。元メンバーではなく〝言葉のプロ〟として制作陣に迎えたことがとてもかっこよかったし、その歌詞からは、過去を携えながらそれぞれの現在を生きるんだという覚悟や決意が感じられ、ああ、これで本当にチャットモンチーは終わるんだなということが伝わってきた。

好きでも嫌いでも　好きさ
一生会えなくても　忘れない
だめでもだめだめでも　許すよ

どうせ嫌いにはなれない

『砂鉄』の2番はこんなサビになっている。すごい歌詞だなって改めて思う。チャットモンチーが完結して以降、私は今に至るまでその曲を聴けなくなってしまった。さみしくなるからというのもあるが、それ以上に感傷的な気分を抱えたままでは、変化を恐れず停滞に抗い続けた彼女たちの楽曲を聴く資格がないと思えてならなかったからだ。今回、この原稿を書くために久しぶりにいくつかの曲を聴いてみた。やっぱりまだまださみしいし、うっかりすると感傷の引力に吸い込まれてしまいそうにもなるけど、〈一生会えなくても　忘れない〉という地点こそ、「あの人がいない人生を生きるのだ」でたどり着きたかった境地かもしれない。

「恋愛とは何か」はよくわからないけれど

さてここまで、〝恋愛以外〟で得られた特別な感情体験の数々を紹介してきた。なんだか極私的な話をひたすらつづっているだけのテキストになっているような気がしなくもないが……どれも私にとっては特別な思い出だ。書きながら感情が揺さぶられ、記憶の扉がバタンバタンと開き、いろいろ思い出す内に恋愛と恋愛以外の区別がよくわからなくなってきた。

以前、「LINEの波長が合う男子を好きになりかけている」という女子高校生の話を聞いた。それまで特に意識することはなかったが、同じ班で課題をやることになってLINEのやりとりが始まり、それが楽しくて授業中でも雑談が止まらないという。会話のテンポが合い、言葉選びのセンスがおもしろく、こちらの話も的確に理解してくれ、先生の悪口などで盛り上がったりもできる。そういうなかで次第に彼が特別な存在になってきたと言っていたが、この話を聞きながら思い出したのは、高校1年生のとき、授業中にまわし手紙で文通をしていたクラスメイトのOくんだった。私が通っていたのは男子校で、からかい合ったり、いかにバカなことをできるかで競い合ったりと、そこではいかにも男子的なコミュニケーションが交わされていたが、Oくんとのまわし手紙には、恋愛の悩みや将来の不安など、他の友達とはなかなかしづらい話を書くことができた。小さく折りたたんだルーズリーフがスニーカーの箱いっぱいになるほどそれは続き、Oくんは精神的な依存先になっていた。

桃山商事のPodcast番組で「あれは一体なんだったの⁉特集」という企画をやったことがある。例えば「思いがけない人からの思いがけないアプローチ」や「いい人だったのにいきなり態度が急変」といったような、非日常的でドキドキはするものの、意味や脈絡がよくわからず、処理や解釈をどうしていいかわからない体験を紹介した企画だ。様々なエピソードが集まり、胸をときめかせたり意味のわからなさにモヤモヤを募らせたりしたが、よく考えたらこういう経験は恋愛以外でもあったりする。例えば私は高校時代、Iくんという友達のお母さんとよくおしゃべりをしていた。家に泊まりに行き、夜ご飯をごちそうになったあと、早めに寝てしまうIくんをよそに、悩みごとを聞いてもらったりオススメの映画を教わったり、夜遅くまで居間でお母さんと雑談する時間がなんだか楽しかった。また大学生のときは、社会人の友人から「北海道からメル友が来るから遊んでやって欲しい」と依頼を受け、本当にリュックひとつでやってきた初対面の女子高校生を一対一で東京のあちこちに案内した日があった。彼女は私が当時ルームシェアしていた部屋に一泊までしていったのだが、「不安や恐怖を1ミリでも与えてしまったら東京が怖い街として記憶されてしまう!」と謎の責任感にかられた私は、細心の注意を払って安心して過ごせる環境を整えた。

友達のお母さんと仲良くしたり、見ず知らずの旅行者を家に泊めたり……これらは後にも先にも一回限りの経験で、今なお意味づけされないまま不思議な思い出として残っている。こうやって書き出してみるとどこかに〝危うい予感〟を読み取れなくもないが、そう簡単に恋愛やセックスの文脈に回収されてなるものかという気持ちもあったりする。

おもしろい本に出会ったときの興奮、好きな劇団の舞台が始まる瞬間のドキドキ、気の合う編集者さんとのおしゃべり、もう会うことはないかもしれない過去の友人たち、姪っ子から送られてくる手書きのメール、かつて暮らした街、やたら気の合う初対面の人、好きになれない友人のパートナー、心血を注いだ著書や卒業論文、死産となってしまった子どもの骨、双子たちで埋め尽くされたカメラロール、友人たちとのグループLINE、憧れの作家、恩師との語らい、急に食べたくなるファストフード、サッカー中に起きるドラマティックな展開、デザイナーさんから送られてくる装幀のイメージ案、家族や友達が勢揃いする日、SNSで熟読してしまう嫌いな人のつぶやき、好きな楽曲のミュージックビデオ、思いがけない仕事のオファー、桃山メンバーと語り合う深夜のPodcast収録……などなど、特別な感情を得られる体験は日常のあちこちに潜んでいる。

私は過去に5人の恋人と交際し、最後に付き合った人と30代の後半に縁あって結婚した。別れてしまった4人もみんな本当に素敵な人だったし、いろんな思い出があるし、その時間を振り返るなかで、なぜ別れるに至ってしまったのかもよくわかった。それらを経て私の中には「恋愛をやりきった」という感覚があり、もちろん未来に何が起こるかはわからないが、今のパートナーと幸せに暮らしていける限りは他の誰かと恋愛することはもうないと思う。でも、ときめきも多幸感も、嫉妬も絶望も、なんと名づけていいかわからない感情なんかも、恋愛以外の場面でいろいろ味わうことができるはずだ。冒頭で「恋愛とは何か」について考えていくとぶち上げてしまったが、まだまだその答えは出せそうにない。しかし、このテキストを読むなかでふとよみがえり、誰かに話したくなった記憶の数々がそれぞれにあるんじゃないかと思う。それらは過去にも現在にも未来にも存在しているはずで、そういう特別な感情体験を味わったり語り合ったりすることが、日々を支え、人生を豊かにしてくれるのではないかと思うのだ。

あとがき

本はいつか読み終わる。物語も結末を迎える。漫画には最終話があり、ドラマもどこかで幕を閉じる。最後のページをめくったあと、私たちはときに言い表しようのない感動に包まれる。言葉が追いつかず、しばし呆然となりながら、心地よい痺れに身を任せるその時間はとても幸福なものだ。でも、そんな感動にしたってしばらく経てば過ぎ去ってしまう。長かった真夜中も終わってみればやっぱり短い。そしてやってくるのは日常で、つかの間の〝個人〟から、再び様々な役割を背負った大人に戻らざるを得ない。

本書では様々な本やドラマを取り上げ、私の個人的な体験なども紹介しながら、男性性の問題をめぐる今とこれからについて考えてきた。家父長制や資本主義を中心とする社会構造への視座や、男性たちの傷つきやトラウマといった「被害者性」に対するまなざし、また生産性の呪いやケアの欠如という現代的な諸問題など、『さよなら、俺たち』で積み残した課題にも足を踏み入れることができた。またここには、ここ数年で刊行してきた『自慢話でも武勇伝でもない「一般男性」の話から見えた生きづらさと男らしさのこと』や『おしゃべりから始める私たちのジェンダー入門』などの問題意識も流れ込んでおり、自分自身の現在地を再確認するための一冊にもなった。

男性としてジェンダーの問題を語ることには難しさがついて回る。「女に媚びやがって」と疎ましがられたり、「こんな男性が増えて欲しい」と変に褒められてしまったり、「まともっぽいことを言ってるけど信用ならない」と疑われたり……。これまでも「チンポ騎士団」「名誉女性」「男の自虐史観」「女に土下座してまわる男」「物わかりのいいふりをする男ぶりっ子」「女ウケを狙った男性学」「小器用なフェミ武装」「男の自傷行為」「勃起するフェミニスト」「ホモソのチクり屋」など様々な人からいろんなあだ名をつけられたし、ある本の感想では、「ジェンダー優等生が書いたような文章でつまらなかった」と書かれたこともあった。

悔しいし、なかなかに腹立たしい。でも、半分は図星だったりもする。例えばトークイベントのような場に呼んでもらった際、女性客を前に「ここで男の悪口を言ったらウケそうだな……」という誘惑に駆られることはよくあるし、身近な女友達やフェミニストの知人から嫌われたくないと思うがあまり、なんだか妙に物わかりのいい態度を取ってしまうことも正直ある。ネットに書き込まれた辛らつな意見にしても、「内省しよう」

「学ぼう」の一辺倒では確かに優等生的で、読みものとしておもしろみに欠けるだろうなということは、本づくりに関わる人間としてよく理解できる。優等生はつまらないけど、露悪的になればいいというものでもない。まだまだわかってないことだらけだけど、これまでの内省や学びの積み重ねだって確かにある。たくさんの人に関心を持ってもらいたいけど、対立や分断を煽るようなものにはしたくない――。そんなふうに、様々な葛藤に苛まれ、自分自身の中途半端さに思い悩みながらも、一つひとつの原稿と向き合うなかでようやく見出したのが「感動」や「ときめき」というテーマだった。

先述の通り「感動」や「ときめき」は一過性のもので、本やドラマからどれだけ大きな衝撃を受けたとしても、結局はまた日常に戻っていかざるを得ない。そこは効率や協調性が是とされるdoingの世界で、規範や構造の圧力から無縁でいることは難しい。似たような場面に繰り返し直面するなかで、思考と行動が矛盾してしまう瞬間は多々あるし、家父長制の力学からはなるべく距離を取りたいと願っても、男性特権の誘惑はあちこちから手を差し伸べてくる。「女性蔑視は絶対にしたくない！」「ジェンダー不平等も是正されるべき！」と強く心に誓ったとしても、社会のあちこちでは今日も性差別的なシーンが量産されており、そのつど自分の無力さを痛感させられるかもしれない。

でも、自分を一気に変えることはできない。劇的な変化はときに痛快だけど、それはこれまでの自分や社会を否定することでもあり、その痛みや戸惑いに耐えられるほど私たちは強くない。政治学者の中島岳志さんは「永遠の微調整」という表現を用いていたが、ときに無力感や自己矛盾に苛まれつつ、一進一退を繰り返しながら粘り強くやっていくしかない。そして、そのじりじりとした日々を支えてくれるものこそ、本書でテーマにしてきた「感動」や「ときめき」というものではないかと優等生は思うのだ。

本書では『さよなら、俺たち』に続き、デザイナーの六月さんに全体を彩っていただいた。4年前はオンラインのみでの会議だったが、今回ようやくお会いすることができた。六月さんのデザインはどこかに大胆さや極端さが宿っていて、いつも痺れる。いつかその哲学についてじっくり話を伺ってみたいと思った。そして、編集者の森山裕之さんにも引き続きお世話になった。森山さんは仕事帰り、私は保育園のお迎え前と、会える時間を見つけてミーティングを重ねた。森山さんはハッピーアワーのビールを飲み、顔を赤らめながら「俺はときめきを諦めたくない」と語っていた。出会った頃はまだ若者だった我々も、すっかり「おじさん」と呼ばれる年齢になってしまったが、こうしてふざけ合いながら真面目なことを語りつつ、死ぬまで一緒に本づくりを続けていけたらいいなって思う。また本書は、様々なメディアで書いてきた書評やエッセイをまとめたものであり、各媒体の編集者さんがいなかったらそもそも成立していない。お題として与えてもらった本やドラマは感動の源泉であり、コロナ禍と双子育児で能動的なインプットの機会を失っていた自分がこうして一冊の本を書けたのは、ひとえにみなさんのおかげだ。

私の遅筆によって全体のスケジュールが読みづらいものになり、特に表紙や帯まわりではギリギリの進行を余儀なくさせてしまったが……そんななかで素敵な装画を仕上げてくれたのが画家の山口洋佑さんだ。実は長い付き合いの友人で、会うといつも「近代」をめぐる問題について熱く語り合う仲でもあるのだが、タイトなスケジュールにもかかわらずテキストを丹念に読み込み、身体を経由した上で美しく意外性に満ちたイラストに仕上げてくれた山口さんには、とても大きな刺激をいただいた。そして、同じく時間がない状況での依頼になってしまって恐縮しかなかったが、上野千鶴子さん&信田さよ子さんという、ひたすら尊敬しているお二方から帯文をいただけたことは、「俺の人生、これで上がりでは……？」と思えてならないほど身に余る光栄だ。

最後に、いつも生活や子育てを共にしてくれている妻のしおりさん、一緒に活動している桃山商事メンバーの佐藤・ワッコ・森田、そしてグループLINEで日々雑談を交わしている友人たちにも感謝を捧げ、この本を閉じたいと思う。

ここまでお読みいただき、ありがとうございました。桃山商事のPodcastでもジェンダーや人間関係、政治やカルチャーの話なんかをまた違った角度からしているので、よかったら聴いてみてください。講演やイベントなんかでお会いできたら最高ですね。それではみなさん、さよなら、またいつか！

『虎に翼』が終わってしまってさみしい秋の日に　清田隆之

初出一覧

・戻れないけど、生きるのだ　書き下ろし

・はたして俺たちは、フェミニズムとどう向き合っていけばよいのだろうか『図書新聞』武久出版 ３５３０号 ２０２２年2月12日

・無知で無自覚な俺たちに突きつけられた鏡『カドブン』kadobun.jp KADOKAWA ２０２１年7月14日

・シスターフッドと「男は不要」の狭間で『小説トリッパー』朝日新聞出版 ２０２０年秋季号 ２０２０年9月30日

・マスキュリニティとホモソーシャルにさよならを――『問題のあるレストラン』が描く被害と加害の連鎖
『ユリイカ』青土社 ２０２１年2月号 ２０２１年2月1日

・誰もやらないなら、あたしがやるしかない――深夜の放心、言葉の充満『すばる』集英社 ２０２４年8月号 ２０２４年7月6日

・社会の価値観を形作っているのは誰なのか？――人気バラエティのジェンダー表現　青弓社編集部『「テレビは見ない」というけれど――エンタメコンテンツをフェミニズム・ジェンダーから読む』青弓社 ２０２１年4月23日

・かつて男の子だった私たちに課せられた責任は小さくない　note『DU BOOKS』DU BOOKS ２０２０年11月25日

・学習による最適解か、ただ漏れの内面か――マジョリティ男性の奇妙な自分語り
『QJWeb クイック・ジャパン ウェブ』qjweb.jp 太田出版 ２０２０年8月7日

・俺たちが「我は、おじさん」と宣言するために必要な覚悟と責任『すばる』集英社 ２０２１年7月号 ２０２１年6月6日

・被害者はこのような〝時間〟を生きている『かしわもち』note.com/kashiwashobho/ 柏書房 ２０２１年11月15日

・「動揺したくない」私たちが、これ以上被害を傍観しないために
『集英社新書プラス』shinsho-plus.shueisha.co.jp 集英社 ２０２３年12月5日

・射精にまつわる男性の責任と、その根底に息づく弱々しくてほの暗い感情『フォーサイト』fsight.jp 新潮社 ２０２３年10月14日

・恥は恥だが役に立つ？――恥の個人史から考える恥の功罪『臨床心理学』金剛出版 第23巻第4号 ２０２３年7月12日

・名もなき人々の言葉から浮かび上がる新自由主義社会の実相
上原隆『ひそかに胸にやどる悔いあり』文庫解説 双葉社 2023年2月18日
・（※ただし、すべて自己責任で対応してください）という見えないただし書き
朝井リョウ『死にがいを求めて生きているの』文庫解説 中央公論新社 2022年10月25日
・〝生産性の呪い〟と生活の手触り――個人史から考える「東京」のこと
『TRANSIT』ユーフォリアファクトリー 51号 2021年3月19日
・婚活と家父長制、その先にある虚無と死　南綾子『結婚のためなら死んでもいい』文庫解説 新潮社 2021年2月27日
・「作る女」と「食べる男」にかけられた呪いの重さは絶対に違う――ジェンダーの呪縛に満ちたニッポンの食卓
『小説現代』講談社 2020年12月号 2020年11月21日
・身体的な性差がテクノロジーによって解消されたとしたら？『すばる』集英社 2020年12月号 2020年11月6日
・こんなとこにも家父長制？――日常に侵入するショート動画　書き下ろし
・育児と男性性――弱きものへの応答責任（responsibility）『臨床心理学』金剛出版 第20巻第5号 2020年9月11日
・俺たちは「お茶する」ことができるだろうか？――ケアの欠如とbeingの肯定
『すばる』集英社 2024年4月号 2024年3月6日
・時間がかかったって、いいじゃないか――ケアの交換、「悩み」の持つ可能性
『毎日新聞』2022年9月3日／『週刊読書人』読書人 2023年2月10日号
・好きな男の姿を見るのは楽しい 好きな男について語るのも楽しい　書き下ろし
・もう誰かと恋愛することはないと思うけれど『現代思想』青土社 2021年9月号 2021年8月27日

＊本書収録にあたり、一部改題、改稿しています。

清田隆之（きよた・たかゆき）

1980年東京都生まれ。文筆業、「桃山商事」代表。早稲田大学第一文学部卒業。ジェンダー、恋愛、人間関係、カルチャーなどをテーマに様々な媒体で執筆。朝日新聞beの人生相談「悩みのるつぼ」では回答者を務める。桃山商事としての著書に『生き抜くための恋愛相談』『モテとか愛され以外の恋愛のすべて』（ともにイースト・プレス）、単著に『よかれと思ってやったのに』（双葉文庫）『さよなら、俺たち』（スタンド・ブックス）『自慢話でも武勇伝でもない「一般男性」の話から見えた生きづらさと男らしさのこと』（扶桑社）『おしゃべりから始める私たちのジェンダー入門』（朝日出版社）、トミヤマユキコ氏との共著に『大学1年生の歩き方』（集英社文庫）、澁谷知美氏との共編著に『どうして男はそうなんだろうか会議』（筑摩書房）など。Podcast番組『桃山商事』『オトコの子育てよもやまばなし』も配信中。

戻れないけど、生きるのだ
男らしさのゆくえ

2024年12月25日　初版発行

著者　清田隆之（桃山商事）
編集発行者　森山裕之
発行所　株式会社太田出版
〒160-8571
東京都新宿区愛住町22 第3山田ビル4階
TEL 03-3359-6262　FAX 03-3359-0040
ohtabooks.com

印刷・製本　株式会社シナノ

ISBN 978-4-7783-1996-0 C0095

　本書について、また今後の出版について、ご感想、ご意見をお寄せください。ご投稿いただいた感想は、宣伝、広告の目的で使用させていただくことがあります。あらかじめご了承ください。 info@ohtabooks.com

STAND BOOKS
スタンド・ブックス
2016年設立の出版社
2024年より太田出版内の出版レーベル